AI와 가상현실

인공지능총서

인공지능 시대입니다. 기계가 인간의 인지를 대신하고, 사물이 인간을 통하지 않고 다른 사물과 직접 커뮤니케이션합니다. 이에 따른 인간 삶과 문명 변화를 정확히 이해·예측·대응하는 것은 이 시대 우리 모두의 과제입니다. 인공지능총서는 인공지능 기술과 환경의 여러 주제를 10가지 키워드로 정리합니다. 관련 개념과 이론, 학계와 산업계의 쟁점, 우리 일상의 변화를 다룹니다. 인간과 기술의 현재, 미래를 세심히 분석합니다.

일러두기

- 인명, 작품명, 저서명, 개념어 등은 한글과 함께 괄호 안에 해당 국가의 원어를 병기했습니다.
- 외래어 표기는 현행 어문규정의 외래어표기법을 따랐습니다. 다만 '딥러닝', '딥마인드', '딥페이크' 등은 관행을 따랐습니다.

AI와 가상현실

문제웅

대한민국, 서울, 커뮤니케이션북스, 2025

AI와 가상현실

지은이 문제웅
펴낸이 박영률

초판 1쇄 펴낸날 2025년 1월 24일

커뮤니케이션북스(주)
출판 등록 2007년 8월 17일 제313-2007-000166호
02880 서울시 성북구 성북로 5-11
전화(02) 7474 001, 팩스(02) 736 5047
commbooks@commbooks.com
www.commbooks.com

ISBN 979-11-7307-350-2 03500

책값은 뒤표지에 표시되어 있습니다.

차례

AI와 VR의 만남, 그 가능성과 미래를 탐색하며

인공지능(AI)과 가상현실(VR)은 21세기 기술 혁신을 주도하는 거대한 두 축이다. AI는 인간의 지능을 모방하고 확장함으로써 다양한 문제 해결과 의사 결정에 도움을 주고 있으며, VR은 현실의 물리적 한계를 넘어선 새로운 공간과 경험을 제공하여 우리의 상상력을 자극하고 있다. 이 두 기술의 융합은 단순히 개별 기술의 합 이상의 시너지를 만들어 내며, 우리의 일상생활과 산업 전반에 혁명적인 변화를 가져올 잠재력을 지니고 있다. 본 저서 『AI와 가상현실』은 이 두 기술의 융합이 만들어 내는 새로운 가능성과 도전 과제를 깊이 탐구하여, 독자들에게 기술적 통찰과 실질적인 응용 방법을 제시하고자 한다.

1장: VR과 AI의 만남

첫 장에서는 VR과 AI 기술이 각각의 역사적 발전 과정에서 어떻게 서로 보완적으로 작용하며 융합할 수 있는지 설명한다. VR은 시뮬레이션과 게임에서 시작해 점점 더 현실적이고 상호작용적인 방식으로 발전했다. 초기에는 비디오 게임과 같은 오락 목적으로 주로 사용되었지만, 점차 교육, 의료, 군사 훈련 등 다양한 분야에서 활용되기 시작했다. VR은 사용자에게 물리적 환경과는 다른 차원에서의 체험을 제공하며, 몰입감을 극대화하는 데 중점을 두고 있다.

AI는 반면, 데이터를 기반으로 패턴을 분석하고 예측하며 스스로 학습하는 능력을 갖추며 발전해 왔다. 머신러닝과 딥러닝 알고리즘을 통해 인간의 개입 없이도 더 나은 성능을 보일 수 있는 시스템을 만들어 냈고, 이를 통해 자율주행 자동차, 음성 인식, 의료 진단 등 다양한 분야에 적용되기 시작했다. AI가 VR과 만나면, VR 환경 내에서의 상호작용이 더욱 자연스럽고 효율적으로 이루어질 수 있다. 예를 들어 AI는 사용자의 행동을 학습해 가상 환경에서의 상호작용을 상황에 맞게 조정할 수 있으며, 이를 통해 보다 개인화된 경험을 제공한다. 이 장은 AI와 VR의 융합이 다양한 산업에서 어떻게 사용될 수 있을지를 개괄하며, 이러한 기술들이 앞으로 어떻게 함께 발전할지에 대한 기본적인 이해를 제공한다.

2장: 메타버스

둘째 장에서는 메타버스라는 새로운 패러다임에 대해 중점적으로 다룬다. 메타버스는 물리적 현실과 가상의 경계를 허물며, 다양한 사용자들이 몰입할 수 있는 가상 환경을 제공한다. 이 공간에서는 사용자들이 현실 세계에서 경험할 수 없는 자유로운 상호작용과 창의적인 활동을 할 수 있다. 메타버스 내에서는 교육, 엔터테인먼트, 경제 활동 등이 혼합되어 하나의 생태계를 이루며, 이곳에서의 활동은 실제 경제와 사회에 영향을 미칠 수 있다.

AI는 메타버스 내에서 중요한 역할을 한다. 예를 들어 AI는 사용자의 행동을 분석하고, 그에 맞춰 맞춤형 경험을 제공할 수 있다. 이는 메타버스 내에서 개인화된 경험을 제공하는 데 필수 요소다. 또 AI는 메타버스의 관리와 운영에도 중요한 역할을 한다. AI는 메타버스 내에서 생성되는 대량의 데이터를 처리하고 분석하며, 이를 기반으로 사용자 경험을 향상하기 위한 인사이트를 도출한다. 이러한 AI와 메타버스의 결합은 가상 환경에서의 경제적 · 사회적 가능성을 확대하며, 새로운 형태의 비즈니스 모델과 사용자 경험을 창출한다. 이 장은 메타버스와 같은 확장 가상 세계에서 AI의 역할과 그 경제적, 사회적 영향을 탐구하며, 이 새로운 패러다임이 어떻게 앞으로의 기술 발전을 이끌어 갈 것인지를 제시한다.

3장: VR 개발 도구에 통합되는 AI

셋째 장에서는 AI가 VR 개발 도구와 플랫폼에 통합되어, VR 콘텐츠 제작의 효율성과 자동화를 어떻게 촉진하는지 설명한다. 유니티(Unity)와 언리얼 엔진(Unreal Engine)과 같은 주요 VR 개발 플랫폼에서는 AI를 사용하여 3D 환경 설계, 프로토타이핑, 콘텐츠 자동 생성을 더욱 빠르고 효율적으로 수행할 수 있다. 전통적인 VR 콘텐츠 제작 과정은 시간이 많이 소요되고, 많은 자원을 필요로 했다. 그러나 AI는 이러한 과정을 자동화함으로써 개발자들이 보다 창의적인 작업에 집중할 수 있도록 돕는다.

AI는 3D 모델링과 같은 복잡한 작업을 자동으로 처리할 수 있다. 예를 들어, AI는 자연어를 이해하여 사용자가 원하는 특정 환경을 자동으로 생성하거나 프로토타입을 테스트하고 수정하는 데 걸리는 시간을 줄일 수 있다. AI 기반의 자동화된 도구는 개발자들이 복잡한 코딩 작업에서 벗어나 더 창의적인 콘텐츠 제작에 집중할 수 있게 하고, 개발 시간을 단축한다. 또한 AI는 개발 도중 발생할 수 있는 오류를 실시간으로 감지하고 수정할 수 있어, 콘텐츠 품질을 높이는 데도 기여한다. 이 장은 이러한 도구의 사용 방법과 AI 통합의 장점들을 자세히 설명하며, VR 개발자들이 이러한 기술을 활용해 어떻게 더 나은 결과를 도출할 수 있는지를 다룬다.

4장: 몰입감 향상

넷째 장에서는 AI가 VR 경험의 몰입감을 어떻게 극대화하는지를 다룬다. VR의 가장 큰 장점 중 하나는 사용자가 현실을 넘어선 몰입감 있는 경험을 할 수 있다는 점이다. 그러나 그 몰입감을 극대화하기 위해서는 환경이 사용자에게 실시간으로 반응하도록 하고, 개인 맞춤형 경험을 제공하는 것이 중요하다. AI는 이러한 역할을 맡아 사용자의 행동을 실시간으로 분석하고 환경을 동적으로 변화시킬 수 있다.

예를 들어 게임에서는 사용자의 수행 능력 수준에 맞게 난도를 설정하고, 교육에서는 학생의 학습 속도에 맞춰 콘텐츠를 개인화하는 것이 가능하다. AI는 사용자의 감정 상태를 분석하여 가상 환경의 조명을 바꾸거나, 배경음악을 변경해 몰입감을 더욱 높일 수 있다. 이는 사용자가 환경과 더욱 깊이 상호작용하도록 만들어, 그 경험이 더 오래 기억에 남도록 돕는다. 이 장에서는 이러한 개인화된 경험이 어떻게 사용자 몰입도를 높이고 더욱 현실감 있는 가상현실 경험을 만들어 내는지 설명하며, AI가 VR 환경에서 어떻게 상호작용의 질을 높이는지를 탐구한다.

5장: 상호작용성과 충실도

다섯째 장에서는 AI가 어떻게 상호작용성과 충실도를 높여 VR에서 보다 자연스럽고 현실감 있는 상호작용을 가능하게 하는지 다룬다. VR에서의 상호작용성은 사용자와 가상 환경 간의 상호작용이 얼마나 자연스럽고 직관적인지를 결정하는 중요한 요소다. AI는 사용자의 입력을 실시간으로 처리하고, 그에 맞춰 반응을 조정함으로써 상호작용을 더욱 자연스럽게 만든다.

예를 들어 AI는 사용자가 손을 들어 특정 물체를 가리키면 이를 인식해 물체를 확대하거나 회전시키는 등의 작업을 자동으로 수행할 수 있다. 이는 사용자가 더 이상 복잡한 조작을 학습할 필요 없이 직관적으로 가상 환경과 상호작용할 수 있음을 의미한다. 또한 AI는 사용자의 행동 패턴을 학습해, 상호작용을 점점 더 개인화하고 효율적으로 만들 수 있다. 이 장에서는 이러한 상호작용성이 교육, 훈련, 심리 치료와 같은 분야에서 어떻게 활용될 수 있는지를 설명하며, AI가 상호작용의 질을 높이는 데 어떤 역할을 하는지를 탐구한다.

6장: AI 기반 개인화와 콘텐츠 제작

여섯째 장에서는 AI가 VR 콘텐츠 제작과 개인화에 미치는 영향을 다룬다. AI는 사용자 데이터를 분석하여 개인 맞춤형 경험을 제공하고, 콘텐츠 제작의 속도를 크게 높인다. 예를 들어 사용자가 특정 VR 환경에서 어떤 요소에 주목하는지 어떤 행동을 반복하는지에 대한 데이터를 수집하여, 이를 바탕으로 개인화된 콘텐츠를 제공할 수 있다. 이는 사용자 경험을 향상할 뿐만 아니라 개발자들이 대량의 사용자 데이터를 분석해 더욱 정교한 콘텐츠를 제작하는 데도 도움을 준다.

AI는 단순한 콘텐츠 제작 자동화 도구를 넘어 교육, 의료, 엔터테인먼트와 같은 다양한 산업에서 VR 콘텐츠의 대중화를 촉진하는 중요한 역할을 한다. 사용자는 AI를 통해 자신에게 맞춤형으로 제공되는 VR 콘텐츠를 더욱 빠르게 그리고 효율적으로 접할 수 있게 된다. 이 장에서는 AI가 콘텐츠 제작 과정에서 어떻게 활용될 수 있는지, 그리고 그 과정에서 발생할 수 있는 윤리적 문제들이 무엇인지에 대해서도 다룬다.

7장: 3D 시뮬레이션 기반 학습과 교육용 게임 설계

일곱째 장에서는 3D 시뮬레이션과 교육용 게임이 학습과 훈련에서 AI와 VR을 결합하여 어떻게 혁신적인 학습 환경을 제공하는지 심층 탐구한다. 3D 시뮬레이션은 복잡한 이론적 개념을 시각적으로 이해할 수 있도록 하는 데, 그리고 현실과 유사한 상황에서 실습할 수 있는 환경을 만드는 데 중요한 도구로 사용된다. 특히 AI는 학습자가 실수를 통해 학습할 수 있도록 맞춤형 피드백을 제공하고, 실시간으로 학습자의 행동을 분석하여 학습 환경을 조정하는 역할을 한다.

교육용 게임 설계에서도 AI는 학습자의 성취도와 학습 스타일을 실시간으로 분석해 맞춤형 피드백을 제공하며, 게임 내 난이도를 조정하거나 새로운 도전 과제를 제시함으로써 학습자가 몰입감을 유지하도록 돕는다. AI는 학습자의 반응 데이터를 분석해 교사나 교육자가 적절히 개입할 수 있도록 지원하며, 내러티브 기반 학습을 통해 학습자의 선택에 따라 이야기를 동적으로 변경하는 등 학습 과정에서 자연스럽고 몰입감 있는 경험을 제공한다.

8장: 자연스러운 상호작용과 다감각 통합

여덟째 장에서는 VR 환경에서 자연스러운 상호작용과 다감각 통합 기술이 학습자의 몰입도를 어떻게 극대화하는지를 중점적으로 다룬다. AI는 음성 인식, 제스처 인식, 시선 추적 등으로 다양한 감각적 데이터를 실시간으로 분석해 학습자가 가상 환경과 자연스럽게 상호작용할 수 있도록 돕는다. 이러한 상호작용은 학습자가 직접 가상 객체와 손쉽게 상호작용하거나, 음성을 통해 명령을 내리는 등 현실에서와 유사한 경험을 할 수 있게 만든다.

AI 기반 상호작용 시스템은 사용자가 몰입감 있는 경험을 하도록 돕고, 학습자가 가상 환경을 탐색하면서 보다 직관적이고 자연스러운 상호작용을 경험할 수 있게 한다. 이는 학습자의 집중력을 높이고 가상 환경에서의 경험을 더욱 효과적으로 전달하는 데 중요한 역할을 한다.

9장: AI 기반 VR의 사회적 책임

아홉째 장에서는 AI 기반 VR 기술이 사회적 책임과 윤리

문제를 어떻게 수반하는지 다룬다. AI와 VR 기술은 삶의 질을 향상하고, 다양한 분야에서 혁신을 가져올 수 있지만, 동시에 중요한 사회적 · 윤리적 질문을 제기한다. 그중에서도 가장 큰 문제는 데이터 프라이버시와 보안이다. AI는 사용자 데이터를 수집하고 학습하기 때문에 개인정보 보호의 중요성이 점점 더 부각되고 있다. 이와 관련해, 사용자의 동의를 명확히 얻고 데이터를 안전하게 보호하는 기술적 장치와 법적 규제가 필수다. 포용성 문제 또한 중요한 논점이다. AI와 VR 기술은 이론적으로는 모든 사람에게 접근 가능해야 하지만, 현실에서는 기술적 · 경제적 격차로 인해 소외되는 계층이 발생할 수 있다. 이를 해결하기 위해서는 기술의 접근성을 높이는 방안 마련과 함께 포용적인 설계가 필요하다. 예를 들어 장애가 있는 사용자들이 VR 환경에서도 자유롭게 상호작용할 수 있도록 다양한 입력 방식과 피드백 시스템이 필요하다. AI가 이런 포용성을 보장하는 데 중요한 역할을 할 수 있으며, AI를 통해 사용자 맞춤형 접근 방식을 제공하는 것이 기술의 사회적 책임을 다하는 방법 중 하나로 논의된다. 이 장에서는 AI와 VR 기술의 사회적 책임을 다하기 위한 다양한 윤리적 · 법적 · 기술적 접근 방법을 제시하며, 이 기술들이 어떻게 사회적 선의 추구를 촉진할 수 있을지 탐구한다.

10장: AI와 VR의 미래

열째 장에서는 AI와 VR의 융합이 미래에 어떤 혁신을 가져올지, 그리고 그에 따라 발생할 수 있는 도전 과제가 무엇인지를 다룬다. AI와 VR의 융합은 단순히 기술적 발전을 넘어 우리 삶의 방식 자체를 변화시킬 수 있다. 의료, 교육, 산업, 엔터테인먼트 등 다양한 분야에서 AI와 VR은 새로운 차원의 경험을 제공할 수 있다. 예를 들어 AI와 결합된 VR 시스템은 사용자가 가상 환경에서 실시간으로 피드백을 받고 자신의 학습이나 업무를 자동화할 수 있는 환경을 제공할 것이다. 또 AI와 VR의 융합은 교육 분야에서도 중요한 역할을 할 것이다. AI 기반 지능형 튜터링 시스템과 VR 학습 환경이 결합하면, 학생들은 자신의 학습 속도에 맞춘 맞춤형 학습 경로를 제공받고, 몰입형 학습 환경에서 실습할 수 있다. 이는 전통적인 교실 학습에서 벗어나 학생들이 더 자율적이고 개인화된 방식으로 학습할 기회를 제공한다. 이러한 기술의 발전은 지리적 · 사회적 장벽을 허물고, 전 세계 누구에게나 고품질의 교육을 제공할 가능성을 열어 준다.

그러나 이러한 긍정적인 전망과 함께 여러 도전 과제

도 존재한다. 특히 윤리적 문제, 데이터 프라이버시, 기술적 불평등이 주요 쟁점으로 부각되고 있다. AI와 VR 기술이 발전함에 따라 그 기술을 관리하고 규제할 법적 체계와 정책적 접근이 필요하다. 또 이러한 기술들이 일부 계층에게만 혜택을 주는 것이 아니라, 모든 사람에게 공평하게 제공될 수 있는 방법을 고민해야 한다.

결론

이 책은 AI와 VR 기술의 융합이 어떻게 우리의 삶과 사회를 변화시킬 수 있는지에 대한 다양한 측면을 탐구했다. AI와 VR은 단순히 기술적 도구에 그치지 않고 새로운 형태의 학습, 작업, 상호작용을 가능하게 하며, 미래의 혁신적인 경험을 창출하고 있다. 이러한 기술의 발전은 많은 기회를 제공하는 동시에 윤리적, 사회적, 법적 도전 과제도 수반하고 있다. 우리는 이 기술들이 더 나은 미래를 위해 어떻게 활용될 수 있을지 깊이 고민해야 한다.

AI는 데이터를 분석하고 예측하는 능력을 바탕으로, VR은 몰입감과 상호작용성을 강화하는 특성을 통해 사용자 경험을 완전히 새로운 차원으로 이끌 수 있다. 이 둘의 결합은 교육, 의료, 산업, 엔터테인먼트 등 다양한 분야에서 혁신적인 설루션(solution)을 제공하며, 특히 맞춤형 경험과 실시간 피드백을 통해 학습자와 전문가에게 큰 도움을 줄 수 있다. 그러나 이 모든 가능성을 현실로 만들기 위해서는 기술 개발뿐 아니라 윤리적 설계, 데이터 보안, 포용적 접근, 법적 규제 등의 이슈에 대한 철저한 준비와 협력이 필수다.

앞서 각 장 소개에서 보았듯이 AI와 VR 기술은 우리의 일상과 사회 구조에 커다란 변화를 가져올 잠재력을 가지고 있다. 결론적으로 AI와 VR은 그 자체로 강력한 도구일 뿐 아니라 사회적 선을 위한 혁신을 촉진하는 수단이 될 수 있다. 앞으로 이러한 기술들이 공정하고 투명하게 활용되기 위해서는 기술적 발전과 함께 사회적 논의가 균형을 이루는 것이 필수다. 이 책이 AI와 VR의 융합이 가져올 미래를 이해하고 그 미래를 더 나은 방향으로 이끌기 위한 중요한 가이드가 되기를 바란다.

01
VR과 AI의 만남

가상현실(VR)과 인공지능(AI)의 융합은 21세기 기술 혁신의 중심에 서 있다. 이는 단순한 기술적 진보를 넘어 우리 사회와 삶의 방식을 근본적으로 재구성하고 있다. 이 장에서는 VR과 AI의 발전 과정, 현재의 기술 수준, 그리고 이들의 융합이 가져오는 혁신적 변화와 도전 과제들을 최신 연구 결과를 바탕으로 살펴본다.

VR과 AI의 기술적 진화

가상현실(VR)과 인공지능(AI) 기술이 최근 급격한 발전을 이루며 우리 사회는 기술 혁신의 중요한 시기를 맞이하고 있다. 이 과정에서 빅 테크 기업들의 활발한 참여와 상업적 기술 발전, 생성형 AI와 그래픽처리장치(GPU) 기술의 혁신이 핵심적인 역할을 하고 있다.

VR 산업의 발전은 메타(Meta, 구 페이스북)의 오큘러스(Oculus) 인수로 가속화되었다. 메타의 퀘스트(Quest) 시리즈는 독립형 VR 헤드셋 시장에서 80% 이상의 점유율을 차지하며 VR 기술을 대중화하는 데 크게 기여했다. 또 마이크로소프트(Microsoft)의 홀로렌즈(HoloLens), 매직립(Magic Leap)의 매직립원(Magic Leap One) 같은 혼합 현실(MR) 기기들이 등장하면서 VR과 AR의 경계가 모호해지고 있다. 이러한 MR 기술은 산업, 의료, 교육 분야에서 혁신적인 응용 가능성을 보여 주고 있다. 특히 5G 기술의 발전은 VR 콘텐츠의 스트리밍을 가능하게 만들어 지연 시간을 10밀리초(ms) 이하로 줄임으로써 몰입감 있는 실시간 상호작용을 실현하고 있다.

AI 분야에서는 생성형 AI의 부상이 큰 주목을 받고 있다. GPT-3, 달리(DALL-E), 미드저니(Midjourney)와 같은 모델들이 등장하면서 AI의 창의적 능력이 크게 발전했다. ≪사이언스(Science)≫에 발표된 브라운(Brown) 등(2023)의 연구에 따르면, GPT-4는 다양한 언어 과제에서 인간 전문가 수준의 성능을 보여 주었으며, 이는 AI가 인간의 언어 구사 능력에 근접했음을 시사한다. GPU 기술의 발전 역시 AI 혁신에 중요한 역할을 하고 있다. 엔비디아(NVIDIA)와 AMD와 같은 기업들이 AI 연산에 최적화된 GPU를 개발하면서 AI 모델의 학습과 추론 속도가 크게 향상되었다. 또 에지(edge) AI 기술도 주목할 만한 성과를 보이고 있다. 에지 AI는 데이터 프라이버시 보호와 실시간 처리 능력을 크게 향상해 모바일 기기나 사물인터넷(IoT) 기기에서 직접 AI 모델을 실행할 가능성을 열어 주고 있다.

VR과 AI의 융합: 새로운 패러다임의 탄생

VR과 AI의 융합은 이 두 기술의 장점을 극대화하며 새로운 가능성을 열어 가고 있다. VR과 AI의 융합이 새로운 혁명적 패러다임으로 각광받고 있는 이유는 여러 가지 측면에서 살펴볼 수 있다. 첫째, 이 융합은 인간의 인지 능력을 획기적으로 확장할 수 있는 잠재력을 가지고 있다. VR 기술은 우리가 물리적 현실의 제약을 넘어 다양한 가상 환경을 경험할 수 있게 해 주며, AI는 이러한 경험을 개인화하고 최적화하는 데 핵심 역할을 한다. 이러한 융합은 "인간의 인지 능력을 확장하고, 현실과 가상의 경계를 허물며, 새로운 형태의 경험과 지식 창출을 가능하게 하는 혁명적 패러다임"이다. 둘째, AI 기반 VR 환경은 사용자 개개인에게 맞춤화된 경험을 제공할 수 있다. 이러한 환경은 "사용자의 행동과 선호도를 실시간으로 분석하여 동적으로 변화하는 지능형 가상 세계를 구현할 수 있다." 이는 교육, 훈련, 엔터테인먼트 등 다양한 분야에서 혁신적인 응용 가능성을 제시한다. 셋째, VR과 AI의 융합은 복잡한 문제 해결과 의사 결정 과정을 지원할 수 있다. 예를 들어 도시 계획이나 건축 설계에서 AI가 분석한 데이터를 VR 환경에서 시각화하여 보여 줌으로써 의사 결정자들이 더 나은 판단을 내릴 수 있도록 도울 수 있다. 넷째, 이 융합 기술은 인간의 창의성을 증폭할 수 있는 잠재력을 가지고 있다. AI의 생성 능력과 VR의 몰입형 환경이 결합하면, 예술가들은 전에 없던 새로운 형태의 예술 작품을 창작할 수 있고 과학자들은 복잡한 과학적 개념을 더 직관적으로 탐구할 수 있다. 다섯째, VR과 AI의 융합은 원격 협업과 소통의 방식을 혁신적으로 변화시킬 수 있다. 예를 들어 AI가 지원하는 VR 회의 공간에서 참가자들은 마치 같은 물리적 공간에 있는 것처럼 상호작용하면서, 동시에 AI의 실시간 번역, 요약, 데이터 시각화 등의 기능을 활용할 수 있다. 마지막으로, 이 융합 기술은 인간의 감정과 경험을 더 깊이 이해하고 공유하는 데 기여할 수 있다. 예를 들어 심리 치료 분야에서 AI는 환자의 반응을 분석하여 VR 환경을 실시간으로 조정함으로써 더 효과적인 치료 경험을 제공할 수 있다.

VR-AI 융합의 응용 분야

VR과 AI의 융합은 각 기술의 장점을 극대화하며 혁신적인 가능성을 열어 가고 있다. 이는 인간의 인지 능력을 확장하고 현실과 가상의 경계를 허물며 새로운 형태의 경험과 지식 창출을 가능하게 하는 패러다임의 전환으로 평가할 수 있다. 특히 인공지능이 정보를 해석하고 이를 통해 새로운 정보를 창출하는 능력은 기존의 가상현실에서 더 나아가, 사용자 개개인에게 맞춤화된 경험을 제공할 수 있는 가능성을 보여 준다. 이러한 VR-AI 융합 기술의 잠재력은 다양한 분야에서 실제적인 응용으로 이어지고 있다.

교육 분야

가상현실과 인공지능의 결합은 학습 경험을 혁신적으로 향상하고 있으며, 개인화된 교육의 새로운 지평을 열고 있다. AI는 개별 학생의 요구와 학습 스타일에 맞춰 VR 학습 환경을 동적으로 조정할 수 있다(Streicher & Smeddinck, 2016; Yannakakis, 2012). 학생의 실시간 성과를 분석하여 VR 시나리오의 복잡성을 적절히 조절하고, 학생의 관심사와 학습 목표에 기반한 VR 경험을 추천한다. 더 나아가 AI는 VR 시뮬레이션 내에서 진화하는 스토리라인을 만들어 더욱 몰입도 높고 개인화된 학습 여정을 제공한다. VR 환경 내 AI 기반 가상 캐릭터들은 맞춤형 지도와 지원을 제공한다. 자연어 처리 기술을 통해 학생들은 AI 튜터와 자연스럽게 대화하며 질문에 대해 맥락에 맞는 답변을 받을 수 있다(Alghamdi & Cristea, 2024; Huiynh-The et al., 2023). 고급 AI 시스템은 학생의 표정과 신체 언어를 분석하여 감정 상태를 파악하고 그에 따라 상호작용을 조정한다. 또 AI 튜터는 VR 시뮬레이션 내에서 학생의 성과에 대해 상세하고 개별화된 피드백을 제공할 수 있다. AI 기술은 VR 경험의 현실감과 상호작용성을 높이는 데도 기여한다. AI 기반 물리 시뮬레이션은 VR에서 더 자연스러운 물체 상호작용을 가능케 하여 몰입감을 향상한다. AI는 VR 환경에서 더 믿을 수 있고 반응성 높은 비플레이어 캐릭터(NPC)를 만들어 낸다. 또한 개인의 선호도에 따라 음향과 시각 효과를 맞춤화하여 몰입감을 증폭한다. VR과 AI의 결합은 교육자와 학습자 모두에게 강력한 분석 도구를 제공한다. AI는 VR 시뮬레이션에서의 사용자 상호작용과 성과 데이터를 분석하여 개선이 필요한 영역을 식별한다. VR 훈련 데이터에 대한 AI 분석은 더 효과적이고 효율적인 학습 프로그램 개발로 이어진다. AI 모델은 VR 상호작용 데이터를 기반으로 잠재적인 학습 과제나 기회를 예측할 수 있다. 그러나 교육 분야에서 VR과 AI의 통합이 큰 잠재력을 제공함에도 해결해야 할 중요한 과제들이 있다. 무엇보다 VR과 AI 시스템을 통해 수집된 학생 데이터의 보안과 윤리적 사용을 보장하는 것이 중요하다. VR 환경에서 AI가 생성한 콘텐츠의 교육적 무결성을 유지하기 위해서는 강력한 검토 프로세스가 필요하다. 또 교사들이 VR과 AI 기술을 효과적으로 활용하고 교육 실습에 통합할 수 있도록 준비시키는 것이 필수적이다.

의료 분야

의학 교육과 훈련 분야에서 AI 기반의 가상 환자들은 의대생과 의료 전문가들에게 현실적인 적응형 훈련 시나리오를 제공한다(Mir et al., 2023). 이러한 가상 환자들은 다양한 증상과 조건을 보여 주며, 학습자의 행동과 결정에 동적으로 반응하고, 성과에 기반한 개인화된 피드백을 제공할 수 있다. 예를 들어 VR 시뮬레이션은 복잡한 심장 증상을 가진 가상 환자를 제시할 수 있으며(Antel et al., 2022), AI 시스템은 학습자의 진단 접근법과 치료 결정에 따라 환자의 반응을 실시간으로 조정하여 매우 현실적이고 도전적인 학습 경험을 제공한다. VR과 AI는 함께 작용하여 치료 계획을 시뮬레이션하고 최적화할 수도 있다. AI 모델은 환자 데이터와 의학 문헌을 기반으로 치료 결과를 예측할 수 있으며, VR 시뮬레이션을 통해 임상의들은 예측 데이터를 시각화하고 가상 환경에서 이를 활용해 치료 방식을 실험할 수 있다. 이를 통해 임상의들은 결정을 내리기 전에 가상 환경에서 여러 치료 시나리오를 탐색할 수 있다. 정신 건강 치료 분야에서도 VR과 AI의 결합은 새로운 길을 열고 있다. VR은 노출 치료를 위한 안전하고 통제된 환경을 제공하며, AI는 환자의 반응을 모니터링하고 VR 시나리오의 강도를 조절할 수 있다. 또한 지능형 가상 치료사가 VR 세션 내에서 지원과 지침을 제공할 수 있다. 이러한 혁신적인 접근 방식은 의료 교육의 질을 크게 향상하고, 임상의들에게 더 나은 의사 결정 도구를 제공하며, 환자들에게 더 효과적이고 개인화된 치료 옵션을 제공한다. 그 외에 헬스 케어 분야의 회사인 필립스(Philips)는 AI 기반 VR 시스템을 활용하여 수술 시뮬레이션 및 의료 교육을 혁신하고 있다. 필립스는 AI로 환자의 실제 데이터를 분석하여, 의료진이 VR 환경에서 실제 환자와 유사한 수술 시뮬레이션을 경험할 수 있도록 한다. 이를 통해 의료진은 복잡한 수술 절차를 더 효과적으로 연습할 수 있고, 환자의 상태에 맞춘 맞춤형 수술 전략을 수립할 수 있게 된다. 이는 의료 사고를 줄이고 수술 성공률을 높이는 데 크게 기여하고 있다. VR과 AI의 시너지는 의료 분야에 깊이 있는 변화를 가져오고 있으며, 이는 궁극적으로 환자 치료의 질과 결과를 개선하는 데 기여할 것이다.

엔터테인먼트 및 게임 산업

최근의 연구들은 가상현실 기술이 어떻게 실감 나는 경험을 제공하는지에 대한 흥미로운 답변을 제시하고 있다. 커밍스(Cummings)와 바일렌슨(Bailenson)이 2016

년 ≪미디어 심리학(Media Psychology)≫에 발표한 연구에 따르면, VR에서의 '현존감(presence)'은 여러 요소에 의해 영향을 받는다고 한다. 이들은 83개의 관련 연구를 분석한 결과, 사용자 추적 기술의 정확도, 입체 영상의 사용, 넓은 시야각이 높은 현존감과 밀접한 관련이 있다는 것을 발견했다. 이러한 요소들과 현존감 사이의 관계는 중간 정도의 강도를 보였다. 그렇다면 '몰입감(immersion)'은 어떻게 생겨나는 것일까? 서(Suh)와 프로핏(Prophet)이 2018년 ≪컴퓨터와 인간 행동 연구(Computers in Human Behavior)≫에 발표한 연구는 이 질문에 대한 답을 제시한다. 그들의 연구에 따르면 몰입감은 단순한 개념이 아니라 여러 요소가 복합적으로 작용하는 구조다. 상호작용성, 생생함, 현존감 등이 모두 몰입감 형성에 영향을 미치는 것으로 나타났다. 더 나아가 AI와 VR의 결합은 이러한 경험을 한 단계 더 발전시키고 있다. 엔터테인먼트 회사인 디즈니는 AI와 VR을 결합하여 몰입형 테마파크 경험을 제공하고 있다. 디즈니는 AI로 방문객의 행동을 분석하여 각 개인에게 맞춤형 테마파크 경험을 제공하고, VR을 통해 현실에서 경험하기 어려운 가상 환경을 제공함으로써 고객 만족도를 극대화하고 있다. 예를 들어 AI는 방문객의 취향에 맞춘 놀이기구 추천과 대기 시간 예측을 제공하고, VR로 미래의 테마파크 확장 계획을 시뮬레이션하여 사전·검토가 가능하도록 한다. 이는 고객 경험을 혁신적으로 변화시키며 기업의 효율성을 극대화하는 데 기여한다.

제조업 분야

자동차 제조업체인 베엠베(BMW)는 VR과 AI의 융합을 통해 복잡한 차량 디자인 및 테스트 과정을 혁신했다. 기존에는 새로운 모델을 설계하고 테스트하는 데 물리적인 프로토타입 제작이 필수였으나, 이제 AI가 차량 설계 데이터를 분석하고 VR 환경에서 가상의 프로토타입을 생성하여 테스트할 수 있다. 이로 인해 설계 오류를 초기 단계에서 발견하고 수정하는 것이 가능해져, 개발 비용을 절감하고 제품 출시 속도를 크게 높일 수 있었다. 또 건설 및 건설 분야에서 사용되는 소프트웨어 회사인 오토데스크(Autodesk)는 AI와 VR을 활용해 복잡한 건축 설계를 보다 효율적으로 구현하고 있다. AI는 사용자가 제시한 건축 요구 사항에 맞춰 자동으로 설계안을 제안하고, 이를 VR로 시각화하여 건축주와 설계자가 실시간으로 협업할 수 있도록 한다. 예를 들어 대규모 도시 개발 프로젝트에서 설계 변경이 필요할 경우, AI가 데이터 분석을 통해 가장 적합한 대안을 제시하고 VR로 그 변경된 환경을 미리 경험해 볼 수 있게 한다. 이로써 의사 결정 속도를 빠르게 하고 예산 초과나 건설 지연을 방지할 수 있다.

사회물질성 관점에서의 VR-AI 융합

사회물질성(sociomateriality) 관점은 기술과 사회적 실천이 상호 얽혀 있어, 두 요소를 독립적으로 바라볼 수 없다는 것을 강조하는 이론적 틀이다. 이 이론에서 기술은 단순히 인간의 의도에 따라 사용하는 수단이 아니라, 사회적 행위와 실천에 의해 형성되고 그 자체로 인간의 행동을 형성하는 상호 구성적 관계에 있다고 본다. 즉, 기술과 사회적 실천은 서로의 존재와 의미를 규정하며, 하나가 다른 하나를 완전히 설명하거나 결정할 수 없는 얽힘을 가진다고 보는 것이다.

사회물질성 이론의 중요한 점은 이 이론이 물질적 요소(기술)와 사회적 요소(인간의 행동, 규범, 관행 등)를 구분된 두 개체로 다루기보다는, 이들이 끊임없이 상호작용하면서 사회적 실천과 조직, 그리고 기술의 발전을 함께 형성해 나가는 과정에 주목한다는 점이다. 올리콥스키와 스콧(Orlikowski & Scott, 2008)은 정보 시스템

분야에서 이 관점을 도입하여 기술과 인간 행위의 불가분성을 강조했다. 그들은 기술이 단순히 인간에 의해 통제되는 것이 아니라, 사회적 실천 속에서 기술과 인간이 서로에게 영향을 주고받는 복잡한 얽힘을 통해 새로운 실천이 만들어진다고 주장했다. 이 관점을 VR과 AI 융합에 적용해 보면 VR과 AI는 단순히 도구나 기술적 장치로 존재하는 것이 아니라 인간의 상호작용과 사회적 실천 속에서 의미를 형성하고, 동시에 그 실천을 다시 형성한다. 예를 들어 VR 환경에서 AI는 사용자 경험을 개인화하고 최적화하는 역할을 할 수 있으며, 이는 사용자들이 기술을 사용하고 상호작용하는 방식을 변화시킨다. 반대로 AI가 제공하는 데이터나 피드백은 사용자의 행동과 경험에 기반하여 학습하고 진화하며, 이는 결국 기술의 발전 방향에까지 영향을 미칠 수 있다. 따라서 VR-AI 융합은 단순히 기술적 통합을 의미하는 것이 아니라, 그 융합이 인간의 경험과 사회적 실천을 어떻게 새롭게 구성하고 변화시키는지에 대한 탐구를 필요로 한다. 사회물질성 관점에서 VR과 AI는 단순히 독립적인 기술로 존재하지 않고, 인간의 실천과 상호작용하며 밀접하게 얽혀 있다. 예를 들어, AI는 사용자 데이터를 분석해 가상현실 환경에서 개인화된 경험을 제공하며, 이러한 경험은 다시 사용자 행동과 의사 결정을 형성하고 조정한다. 이처럼 AI와 VR의 상호작용은 교육, 의료, 산업 등 다양한 분야에서 새로운 가능성을 열어 주는 동시에, 데이터 프라이버시와 기술 접근성 같은 도전 과제도 부각한다.

특히, VR과 AI는 인간의 사회적 실천 속에서 새로운 의미를 창출할 뿐 아니라, 기존의 실천 방식을 재구성하며 단순한 도구를 넘어선 역할을 수행한다. 예를 들어, 의료 분야에서 AI는 환자 데이터를 기반으로 치료 결과를 예측하고, VR은 시뮬레이션 환경에서 이러한 예측을 시각화하며 적응적인 상호작용 기능을 통해 의사 결정 과정을 지원한다. 이러한 융합은 기술과 사회적 행동이 상호작용하며 서로의 의미를 형성하고 변화를 촉진하는 과정을 잘 보여 준다. 결론적으로, 사회물질성 관점은 VR과 AI가 단순한 기술적 혁신을 넘어 사회적 실천의 본질을 변화시키고 재구성하는 데 어떻게 기여하는지를 이해할 수 있는 중요한 틀을 제공한다. 이 접근법은 기술과 사회적 행동이 상호작용하며 끊임없이 서로의 의미를 형성하고 재구성한다는 점에서, VR과 AI가 단순한 기술 이상의 역할을 한다고 설명한다.

사례 1: 베엠베의 VR과 AI를 통한 차량 설계

베엠베는 VR과 AI 기술을 사용하여 차량 디자인 프로세스를 혁신하고 있다. 여기서 기술과 인간의 상호작용은 그저 단순한 도구 사용을 넘어선다. 사회물질성 관점에서 볼 때 디자이너와 기술은 상호 얽혀 있으며, AI는 인간 디자이너가 상호작용하는 방식과 그들의 창의적 사고에 영향을 미친다. 또 AI는 디자이너가 제시하는 데이터를 실시간으로 학습하며 이를 기반으로 더욱 개선된 디자인 피드백을 제공한다. 이러한 기술적-사회적 상호작용은 자동차 설계뿐만 아니라 베임베의 조직 구조와 업무 방식까지도 변화시키고 있다.

사례 2: 오토데스크의 AI 기반 건축 설계

오토데스크의 AI는 건축 설계 프로세스를 혁신하면서 설계자와 기술 간의 새로운 관계를 형성했다. AI는 기존의 설계 프로세스를 가속화하는 것이 아니라, 설계자들이 데이터를 다루고 건축 설계 문제를 해결하는 방식을 근본적으로 변화시킨다. 사회물질성 관점에서 AI는 단순히 설계 도구가 아니다. AI는 설계자가 실천하는 방식을 형성하고 그 실천이 다시 AI의 역할과 기능을 재구성하는 상호작용이 나타난다. 이는 단순한 기술 도입 이상의 의미를 가지며 설계자들의 직업적 역할과 기술이 진화하는 방식 모두에 영향을 미친다.

사례 3: 필립스의 AI 지원 VR 의료 시뮬레이션

필립스의 AI 기반 VR 수술 시뮬레이션은 의사들의 훈련 방식을 재구성하고 있다. 사회물질성 관점에서 보면, 이 시뮬레이션은 기술과 의사 간의 상호작용을 통해 수술 방법뿐만 아니라 의사의 실습 방식과 의료 현장의 문화까지도 변화시키고 있다. AI는 의료 교육에 중요한 피드백을 제공하고, 이 과정에서 의사들은 기술을 사용하면서 스스로의 기술적 역량을 학습하고 기술에 적응해 나가고 있다. 또 의료계의 피드백은 이러한 기술이 더욱 발전하고 개선되도록 영향을 미치며, 여기서 우리는 사회적 규범과 요구가 기술의 방향성을 결정짓는 과정 역시 볼 수 있다.

사례 4: 디즈니의 VR 테마파크 경험

디즈니는 AI와 VR을 활용해 기존 테마파크 경험을 새로운 방식으로 재구성하고 있다. 여기서 기술은 단순한 엔터테인먼트 도구가 아니라, 방문자들이 상호작용하는 방식, 경험을 형성하는 방식에 깊이 얽혀 있다. 사회물질성 관점에서는 AI가 방문자의 선호도를 분석하고 실시간으로 개인 맞춤형 경험을 제공함으로써, 방문자와 기술 간의 상호작용이 테마파크의 운영 방식과 경험의 본질까지 변화시키고 있다. 이러한 변화는 방문자뿐만 아니라 디즈니의 조직과 운영 방식에도 영향을 미치며, AI와 VR은 함께 새로운 경험을 형성하는 중요한 요소로 작용하고 있다.

레오나르디(Leonardi, 2013)의 연구는 사회물질성 관점에서 기술 혁신을 이해하는 것의 중요성을 강조한다. 그는 "기술적 변화와 조직적 변화는 서로 분리될 수 없으며, 이 둘의 상호작용을 통해 새로운 조직적 루틴과 기술적 기능이 공동으로 진화한다"라고 주장한다. 결론적으로 사회물질성 관점은 VR-AI 융합 기술을 단순한 도구나 외부적 영향 요인으로 보지 않고, 우리의 사회적 실천과 함께 발전하고 변화하는 내재적 요소로 이해한다. 이러한 시각은 기술 발전이 가져올 변화를 더 깊이 있게 이해하고, 기술과 사회의 상호 발전을 위한 더 나은 전략을 수립하는 데 도움을 줄 수 있다.

참고문헌

Alghamdi, N., & Cristea, A. I.(2024.7). Natural Language Processing for a Personalised Educational Experience in Virtual Reality. In International Conference on Artificial Intelligence in Education(pp. 355–361). Cham: Springer Nature Switzerland.

Antel, R., et al.(2022). The use of artificial intelligence and virtual reality in doctor–patient risk communication: A scoping review. *Patient Education and Counseling*, 105(10), 3038–3050.

Huiynh–The, T., et al.(2023). Artificial intelligence for the metaverse: A survey. *Engineering Applications of Artificial Intelligence*, 117, 105581.

Leonardi, P. M.(2013). Theoretical foundations for the study of sociomateriality. *Information and Organization*, 23(2), 59–76.

Mir, M. M., et al.(2023). Application of artificial intelligence in medical education: current scenario and future perspectives. *Journal of advances in medical education & professionalism*, 11(3), 133.

Moon, J., et al.(2023). Learning analytics in seamless learning environments: A systematic review. *Interactive Learning Environments*, 1–18.

Orlikowski, W. J. & Scott, S. V.(2008). Sociomateriality: Challenging the separation of technology, work, and organization. *Academy of Management Annals*, 2(1), 433–474.

Streicher, A. & Smeddinck, J. D.(2016). Personalized and adaptive serious games. In Entertainment Computing and Serious Games: International GI-Dagstuhl Seminar 15283, Dagstuhl Castle, Germany, July 5-10, 2015, Revised Selected Papers (pp. 332-377). Springer International Publishing.

Yannakakis, G. N.(2012.5). Game AI revisited. In Proceedings of the 9th conference on Computing Frontiers(pp. 285-292).

02
메타버스

메타버스의 등장은 현실과 가상의 경계를 허물며 완전히 새로운 차원의 경험을 예고하고 있다. 메타버스는 "물리적 현실과 디지털 가상성이 끊김 없이 통합되어 형성되는 지속 가능한 3D 가상 우주"로 정의된다. 이는 메타버스가 단순한 기술적 혁신을 넘어 우리의 사회, 경제, 문화를 근본적으로 재구성할 수 있는 잠재력을 지니고 있음을 시사한다. 메타버스는 인간의 삶에 깊숙이 스며들어 우리의 일상과 상호작용 방식을 근본적으로 변화시키는 혁신적인 패러다임으로 자리 잡아 가고 있다.

메타버스의 정의와 특성

메타버스는 물리적 현실과 가상 세계가 하나로 통합된 3D 가상 우주로, "물리적 현실과 디지털 가상성이 끊김 없이 통합되어 형성되는 지속 가능한 3D 가상 우주"로 정의할 수 있다. 이러한 메타버스는 다양한 특성을 가지며, 그중 가장 중요한 다섯 가지는 다음과 같다.

지속성

메타버스는 24시간 365일 멈추지 않고 계속해서 운영된다. 사용자가 접속을 종료해도 그 안의 가상 세계는 계속 존재하며 발전하고 변화한다. 이는 현실 세계처럼 중단 없는 환경을 제공하여 언제든지 접속해도 변화된 세계를 경험할 수 있다. 메타버스의 지속성(Persistence)을 잘 보여 주는 사례는 디센트럴랜드(Decentraland) 서비스다. 디센트럴랜드는 사용자가 접속하지 않아도 가상 세계가 계속해서 존재하고 발전하는 24시간 운영되는 가상 사회 공간을 제공하는 사례다. 이곳에서는 사용자가 가상 부동산을 구매하고, 건축물을 세우고, 이를 활용해 수익을 창출할 수 있다. 즉, 사용자가 없는 동안에도 세계는 지속적으로 변화하고 발전한다.

실시간성

둘째 속성은 실시간성(Real-time Interactivity)이다. 메타버스에서는 사용자들이 실시간으로 상호작용할 수 있다. 예를 들어 가상 콘서트에서는 전 세계 사용자들이 동시에 공연을 관람하고 채팅하거나 상호작용하는 방식으로 실시간 경험을 공유할 수 있다. 아바(ABBA) 보이지(Voyage) 콘서트는 실시간 상호작용을 구현한 대표 사례다. 이 콘서트에서는 아바 멤버들의 디지털 버전이 실시간으로 공연을 펼치고, 관객들이 그 공연과 상호작용하며 경험을 공유한다. 이러한 실시간 상호작용은 가상 환경에서도 실제와 같은 경험을 제공한다.

경제 시스템

셋째는 경제 시스템(Economic System)이다. 메타버스 내에서는 현실의 경제 활동과 유사한 방식으로 경제 활동이 이루어진다. 가상 부동산 거래, 디지털 아트 구매, 심지어 메타버스 내에서의 직업 활동까지도 가능하며, 이러한 활동들은 실제 경제적 가치와 연결되기도 한다. 더샌드박스(The Sandbox)는 메타버스 내의 경제 시스템이 잘 구현된 사례다. 이 플랫폼에서는 사용자가 가상 토지를 구매하고, 게임 내 자산을 거래하며 수익을 창출할 수 있다. 샌드박스는 자체적인 암호 화폐 샌드(SAND)를 통해 경제 활동을 가능하게 하여 가상 세계에서 실제 경제적 가치를 창출할 수 있도록 지원한다.

연결성

넷째는 연결성(Interoperability)이다. 메타버스는 여러 가상 플랫폼과 연결되어 있어, 사용자는 하나의 아바타로 다양한 가상 세계를 넘나들 수 있다. 이러한 연결성 덕분에 하나의 메타버스 내로 제한되는 것이 아니라, 여러 디지털 세계를 통합하여 사용하는 경험이 가능하다. 로블록스(Roblox)는 연결성을 보여 주는 대표적인 사례다. 이 플랫폼에서는 사용자들이 다양한 게임과 가상 세계를 넘나들 수 있다. 사용자는 하나의 아바타로 여러 게임을 자유롭게 오가며, 자신만의 정체성과 자산을 유지할 수 있다. 로블록스는 다양한 가상 세계를 통합하는 경험을 제공해 준다. 그 외에도 오픈심(Opensimulator)은 사용자들이 각기 다른 가상 세계를 만들고, 이를 상호 연결할 수 있는 오픈 소스 메타버스 플랫폼이다. 이 플랫폼의 중요한 특징 중 하나는 하이퍼그리드(Hypergrid)라는 기능을 통해 여러 서버에 위치한 가상 세계들을 연결하여 사용자들이 자신이 생성한 아바타로 다른 세계로 이동할 수 있다는 점이다. 즉, 사용자는 하나의 아바타를 가지고 다양한 가상 환경을 넘나들며 다양한 가상 세계를 탐험하고 그곳에서 상호작용할 수 있다. 오픈심의 비즈니스 버전으로 세컨드 라이프도 존재한다. 이 공간에서의 경제 시스템은 가상 아이템과 부동산 거래를 통해 실제 경제와 연결되어 있으며, 사용자가 직접 가상 세계를 창조하고 그 안에서 상호작용할 수 있는 환경을 제공한다. 세컨드 라이프는 사용자들이 자신이 만든 콘텐츠를 다른 세계와 연결하고 교환할 수 있는 시스템도 지원하며, 이는 다양한 메타버스 환경에서 상호작용을 강화하는 중요한 연결성 사례로 자리 잡고 있다.

창의성

다섯째 창의성(Creativity)이다. 메타버스는 사용자가 직접 가상 콘텐츠를 창조하고 이를 다른 사용자와 공유할 수 있는 환경을 제공한다. 창작물은 가상 아이템, 디지털 건축물, 아트워크 등으로 다양하며, 이러한 창의적 활동은 메타버스의 활발한 생태계를 형성하는 데 큰 역할을 한다. 팀랩(TeamLab) 의 설치미술 전시회는 창의성이 극대화된 사례다. 이 전시회에서 관람자는 예술 작품과 상호작용하면서 실시간으로 변하는 예술 경험을 제공받는다. 예를 들어 모션 센서를 활용해 작품과 관람객이 상호작용하며 새로운 형태의 디지털 예술이 탄생한다. 이는 메타버스가 창작과 공유의 공간으로서 어떻게 활용될 수 있는지를 잘 보여 준다.

AI 기술과 메타버스의 융합

AI 기술은 메타버스의 발전을 가속화하고 있다. ≪인공지능의 공학 적용(Engineering Applications of Artificial Intelligence)≫에 발표된 한 연구(Huynh-The et al., 2023)는 AI 기술이 지능형 가상 에이전트(IVAs)를 통해 사용자 경험을 혁신적으로 개선하고 있다고 보고한다. 특히 최근 주목받고 있는 생성형 AI 에이전트(Generative Agent) 기술은 메타버스 내 AI 캐릭터의 자율성과 상호작용 능력을 한 단계 높은 수준으로 끌어올리고 있다.

"생성형 에이전트: 인간 행동의 상호작용적 시뮬라크라(Generative Agents: Interactive Simulacra of Human Behavior)" 연구(Park et al., 2023)에 따르면, 생성형 AI 에이전트는 자체 메모리, 계획 수립 능력, 반응 능력을 갖춘 AI 캐릭터다. 이 에이전트들은 단순히 프로그래밍된 대로 행동하는 것이 아니라, 주변 환경과 다른 에이전트들과의 상호작용을 통해 학습하고 발전한다. 예를 들어 메타버스 내 가상 도시에서 생성형 AI 에이전트는 자신의 일과를 계획하고 다른 에이전트들과 대화를 나누며 새로운 정보를 학습하고 기억할 수 있다. 이러한 생성형 AI 에이전트 기술은 메타버스와 AI의 결합을 더욱 강화한다. 먼저 AI는 자연어 처리를 통해 사용자가 가상 세계에서 자연스럽게 대화하고 명령을 내릴 수 있게 한다. 예를 들어 가상 비서에게 "내일의 일정을 보여 줘"라고 말하면 AI가 이해하고 실행한다. 또 사용자의 행동 패턴을 분석하여 개인화된 경험을 제공한다. 사용자가 SF 영화를 좋아한다면 AI는 가상 세계에 SF 테마의 요소들을 더 많이 배치할 수 있다. 생성형 AI 에이전트를 활용한 비플레이어 캐릭터(NPC, Non-Player Characters)는 더욱 현실감 있고 복잡한 상호작용을 가능하게 한다. 이들은 단순히 미리 정해진 대사나 행동을 반복하는 것이 아니라 상황에 따라 적절히 반응하고 심지어 자신만의 목표를 가지고 행동할 수 있다. 이는 메타버스 내 가상 세계를 더욱 생동감 있고 역동적으로 만들어 사용자들에게 더 깊은 몰입감을 제공한다. 예를 들어 가상 도시에서 생성형 AI 에이전트 기반의 NPC 상인은 실제 경제 동향을 반영하여 가격을 조정할 뿐만 아니라 다른 NPC들과의 상호작용을 통해 새로운 상품 아이디어를 얻거나, 사용자와의 대화를 통해 선호도를 학습하여 맞춤형 상품을 제안할 수 있다. 이러한 AI의 역할, 특히 생성형 AI 에이전트의 도입은 메타버스를 더욱 역동적이고 개인화된 경험의 장으로 만들어 간다. 사용자들은 단순히 가상 세계를 탐험하는 것을 넘어, 복잡하고 유기적으로 변화하는 환경과 상호작용하며 더욱 풍부한 경험을 할 수 있게 된다. 이는 메타버스가 단순한 게임이나 소셜 플랫폼을 넘어 실제 세계와 유사한 복잡성과 깊이를 가진 새로운 차원의 디지털 생태계로 발전할 수 있음을 시사한다. 알테라(Altera)에서 진행하고 있는 프로젝트 시드(Project Sid)는 자율적인 AI 에이전트들을 활용하여 가상 세계에서 문명을 시뮬레이션하는 혁신적인 프로젝트다. 이 프로젝트는 1000명 이상의 자율적 AI NPC를 통해 마인크래프트(Minecraft)와 같은 가상 환경에서 복잡한 사회 시스템을 탐구한다. 마인크래프트라는 가상 세계에서 .1000명이 넘는 완전 자율적인 AI NPC가 협력하여 문명을 시뮬레이션하는 내용을 다루는 것이다. 경제, 문화, 종교, 정부 등이 자연스럽게 생성되는 가상 세계 속에서 AI NPC들이 상호작용하고 협력하는 모습을 볼 수 있다.

메타버스의 현재 도전 과제와 디지털 트윈의 역할

메타버스는 여전히 많은 도전 과제에 직면해 있다. 첫째, 확장성(scalability)의 문제로, 수백만 명의 사용자가 동시에 접속할 수 있는 인프라 구축이 필요하다. 둘째, 상호작용성(interactivity)의 문제로, 서로 다른 메타버스 플랫폼 간 데이터와 자산의 이동이 자유로워야 한다. 셋째, 사용자 개인정보 보호(security)의 문제로, 가상 세계에서 수집되는 방대한 개인 데이터의 보호가 중요하다. 넷째, 콘텐츠 품질 관리(quality assurance)의 문제로, 사용자 생성 콘텐츠의 품질 관리와 유해 콘텐츠 차단이 필요하다. 마지막으로, 장기적 참여 유지의 문제로, 사용자들의 지속적인 관심과 참여를 유도할 수 있는 콘텐츠와 경험 제공이 중요하다.

이러한 과제들을 해결하고 메타버스의 실용성을 높이는 데 '디지털 트윈(Digital Twin)' 기술이 중요한 역할을 할 것으로 기대된다. 디지털 트윈은 물리적 객체나 시스템의 가상 복제본으로, 실시간 데이터를 기반으로 지속적으로 업데이트된다. 디지털 트윈은 "실제 세계의 복잡한 시스템을 가상 환경에서 정확히 모델링하고 시뮬레이션할 수 있게 해 주는 강력한 도구"다. 디지털 트윈 기술은 메타버스의 여러 도전 과제를 해결하는 데 기여할 수 있다. 예를 들어 확장성 문제에서 디지털 트윈은 실제 세계의 복잡한 시스템을 효율적으로 모델링하여 대규모 가상 환경의 구현을 용이하게 한다. 상호운용성 측면에서는 표준화된 디지털 트윈 모델을 통해 서로 다른 플랫폼 간의 데이터 교환을 촉진할 수 있다. 실제 사례로, 지멘스(Siemens)사는 '엑셀러레이터(Xcelerator)' 플랫폼을 통해 산업용 디지털 트윈 설루션(solution)을 제공하고 있다. 이 플랫폼은 제품 설계부터 생산, 운영까지 전 과정을 가상 환경에서 시뮬레이션하고 최적화할 수 있게 해 준다.

디지털 트윈 기술이 메타버스와 현실 세계를 연결하는 중요한 가교 역할을 할 것이라는 전문가들의 예측이 많이 나오고 있다. 디지털 트윈은 현실 세계의 물리적 객체나 시스템을 가상 세계에서 복제하여, 현실 세계의 상황을 모니터링하고 예측할 수 있게 해 준다. 이를 통해 메타버스는 단순히 가상의 공간을 넘어서, 현실 세계와 긴밀히 연계된 실용적인 플랫폼으로 발전할 수 있는 잠재력을 갖추게 된다. 디지털 트윈 기술은 이미 다양한 산업에서 활용되고 있으며, 메타버스에서 이 기술을 적용하면 현실 세계에서의 데이터 기반 시뮬레이션이 가능해진다. 예를 들어, 건축, 도시 계획, 제조업 등에서 실제 환경의 모형을 가상으로 재현하고, 이를 통해 다양한 시나리오를 테스트할 수 있다. 이런 방식으로 메타버스는 단순한 엔터테인먼트 이상의 가치 있는 활용을 기대하게 만든다(McKinsey, 2022; Far & Rad, 2022).

그러나 디지털 트윈의 적용과 확장에는 중요한 윤리적, 기술적 과제가 따른다. 데이터 프라이버시와 보안 문제, 특히 대규모로 수집된 사용자 정보와 관련된 윤리적 이슈들이 메타버스의 상용화에 중요한 장애물로 지적되고 있다. 개인정보 보호와 보안 문제는 디지털 트윈 기술이 발전하면서 더욱 주목받고 있으며, 이와 관련된 지속적인 연구와 논의가 필요하다(Parlar, 2023). 이러한 상황을 종합해 보면 디지털 트윈은 메타버스의 발전을 이끌 중요한 기술이지만 동시에 해결해야 할 복잡한 윤리적 문제들을 동반하고 있어 기술적 진보와 규제적 대응이 병행되어야 할 것이다.

AI를 통한 메타버스의 발전 가능성

AI 기술은 메타버스의 한계를 극복하고 그 잠재력을 극대화하는 핵심 동력으로 자리 잡고 있다. 첫째, AI는 동적 환경 생성을 가능하게 한다. 이는 사용자 행동에 실시간으로 반응하여 가상 환경을 변화시킴으로써 더욱 몰입감 있는 경험을 제공한다. 예를 들어 가상 쇼핑몰에서는 AI가 고객의 취향과 행동 데이터를 분석하여 상점 배치와 상품 구성을 실시간으로 조정할 수 있다. 이는 고객 만족도를 높이고 사용자 참여를 촉진하는 효과를 가져올 수 있다. 둘째, 개인화된 경험 제공이 가능해진다(International Telecommunication Union, 2023; Pataranutaporn et al., 2021). AI는 사용자 데이터에 기반하여 교육, 엔터테인먼트, 상거래 등 다양한 분야에서 개인 맞춤형 콘텐츠를 제공할 수 있다. 예를 들어 가상 교육 플랫폼에서는 학생의 학습 패턴과 속도에 맞춰 교육 내용을 조정하고, 개별화된 피드백을 제공할 수 있다. 이를 통해 학습 효율성을 높이는 동시에 교육 과정의 질적 향상을 도모할 수 있다. 셋째, 복잡한 시뮬레이션의 구현도 AI를 통해 가능해진다(Fadhel et al., 2024). AI는 현실적인 물리 법칙과 동적 변수를 적용하여 건축 설계, 과학 실험, 우주 탐사 등 다양한 분야에서 고급 시뮬레이션을 제공할 수 있다. 이를 통해 복잡한 문제를 해결하고 혁신적인 설루션을 모색할 수 있다. 예를 들어, 스마트 시티의 디지털 트윈을 활용해 도시 계획 및 교통 관리를 시뮬레이션하고 최적화할 수 있다. 마지막으로, 디지털 트윈 기술은 AI에 의해 더욱 정교해지고 있다. 현실 세계의 객체나 시스템을 가상 세계에 정확하게 복제하여 운영함으로써 실제 상황을 가상 공간에서 시뮬레이션하고 개선할 수 있다. 예를 들어 공장 자동화 시스템이나 스마트 빌딩에서 디지털 트윈을 사용하여 유지보수 계획을 최적화하고, 에너지 사용을 효율화할 수 있다(Soliman et al., 2024). 이러한 방식은 물리적 공간에서 발생할 수 있는 문제를 예측하고, 이를 가상 환경에서 실시간으로 시뮬레이션하여 위험 요소를 최소화하는 데 중요한 역할을 한다.

생성형 AI와 메타버스의 미래

최근 주목받고 있는 생성형 AI는 메타버스의 미래를 더욱 밝게 하는 도구로 평가받는다. 첫째, 실시간 콘텐츠 생성은 GPT-4와 같은 대규모 언어 모델을 통해 가능해진다. 예를 들어 가상 롤플레잉 게임(RPG)에서 AI는 플레이어의 선택에 따라 무한히 분기하는 스토리라인을 실시간으로 생성할 수 있다. 이는 사용자가 동일한 게임을 여러 번 플레이하더라도 매번 새로운 이야기를 경험하게 만들어 사용자 몰입도를 높인다(Klinkert et al., 2024).

둘째, 다국어 소통 지원을 통해 전 세계 사용자들이 언어 장벽 없이 메타버스에서 상호작용할 수 있다. AI는 실시간 번역을 통해 사용자가 자신의 모국어로 대화할 수 있도록 지원하며, 이는 글로벌 커뮤니티 형성을 가능하게 하고 소통의 효율성을 높인다(Lv, 2023). 이러한 기술은 특히 다양한 언어를 사용하는 사용자들이 공존하는 가상 회의나 이벤트에서 강력한 도구로 활용될 수 있다.

셋째, 개인화된 아바타 생성이 가능하다(Chamola et al., 2024). 달리(DALL-E)와 같은 이미지 생성 AI는 사용자의 요구에 맞춰 독특하고 개성 있는 아바타를 실시간으로 생성할 수 있으며, 이는 가상 세계에서의 자아 표현을 한층 더 강화한다. 사용자는 자신만의 독창적인 아바타를 쉽게 만들고 이를 통해 가상 세계에서의 존재감을 높일 수 있다.

윤리적 고려 사항과 미래 전망

메타버스와 AI의 융합은 놀라운 가능성을 열어 가지만, 이에 따라 새로운 윤리적 및 법적 문제들이 대두되고 있다.

콘텐츠의 저작권 문제

가상 세계에서 건물, 예술 작품, 캐릭터 등을 자동으로 생성하는 기술이 발전하면서, 이 작품들의 소유권에 대한 논의가 필요해졌다. 예를 들어 AI가 가상 갤러리에서 예술 작품을 창작할 경우 저작권은 AI 제작자에게 귀속되는가 아니면 AI를 프로그래밍한 개발자에게 귀속되는가에 대한 명확한 규정이 없다. 이러한 문제는 가상 세계에서의 창작 활동을 보호하기 위한 법적 틀이 필요함을 시사한다.

개인정보 보호

메타버스에서는 사용자들의 행동, 선호도, 심지어 생체 정보까지도 수집된다. 예를 들어 VR 환경에서 사용자의 눈동자 움직임, 제스처, 음성 등이 데이터로 저장되며, 이는 개인의 민감한 정보를 포함할 수 있다. 이 데이터를 어떻게 안전하게 보호하고, 누가 이 데이터에 접근할 수 있는지에 대한 명확한 규정과 보호 장치가 필요하다. 만약 이 정보가 유출되거나 악용된다면 개인의 프라이버시가 심각하게 침해될 수 있다.

AI에 의한 행동 조작 가능성

AI는 점점 더 정확하게 사용자의 행동을 예측하고 이를 바탕으로 맞춤형 경험을 제공하는 능력을 갖추고 있다. 이는 긍정적으로는 개인 맞춤형 경험을 제공할 수 있다는 것이지만, 동시에 AI가 의도적으로 사용자의 선택을 유도하거나 특정 행동을 조작할 위험이 있다는 점도 간과해서는 안 된다. 예를 들어 가상 쇼핑몰에서 AI가 사용자의 구매 성향을 분석해 특정 상품을 강하게 추천하거나 메타버스 내에서 특정 활동을 유도할 수 있다. 이 과정에서 사용자의 자율성과 권리가 침해될 수 있다는 점이 문제다.

가상 경험이 실제 세계에 미치는 영향

메타버스에서의 경험이 현실 세계에서의 행동이나 사고에 영향을 미칠 가능성도 높다. 예를 들어 폭력적인 가상 세계에서의 활동이 현실에서의 행동에 부정적인 영향을 미칠 수 있다는 우려가 있으며, 반대로 메타버스에서 긍정적인 협업 경험이 현실의 협업 능력을 향상할 수도 있다. 이러한 가상 경험의 영향을 연구하고 관리하는 것이 중요하다.

이러한 문제들을 해결하기 위해서는 기술 개발과 함께 윤리적, 법적 가이드라인이 마련되어야 한다. 국가 및 국제 사회에서 메타버스와 AI 융합에 대한 정책을 수립하고 윤리적 기준을 마련하는 것이 필요하다. 이렇게 신중한 접근이 뒷받침될 때, 우리는 메타버스와 AI의 진정한 가능성을 탐구하며 더 나은 디지털 사회를 구축할 수 있을 것이다.

참고문헌

Chamola, V., et al.(2024). Beyond reality: The pivotal role of generative AI in the metaverse. *IEEE Internet of Things Magazine*, 7(4), 126-135.

Far, S. B., & Rad, A. I.(2022). Applying digital twins in metaverse: User interface, security and privacy challenges. *Journal of Metaverse*, 2(1), 8-15.

Fadhel, M. A., et al.(2024). Navigating the metaverse: Unraveling the impact of artificial intelligence—a comprehensive review and gap analysis. *Artificial Intelligence Review*, 57, 264. https://doi.org/10.1007/s10462-024-10881-5

Huynh-The, T., et al.(2023). Artificial intelligence for the metaverse: A survey. *Engineering Applications of Artificial Intelligence*, 117, 105581.

International Telecommunication Union(2023). AI: The driving force behind the metaverse revolution. AI for Good. https://aiforgood.itu.int/ai-the-driving-force-behind-the

-metaverse-revolution/

Klinkert, L. J., et al.(2024). Driving generative agents with their personality. arXiv preprint arXiv:2402.14879.

Lv, Z.(2023). Generative artificial intelligence in the metaverse era. *Cognitive Robotics*, 3, 208-217.

McKinsey Company(2022). Digital twins: The foundation of the enterprise metaverse. McKinsey Digital. Retrieved September 30, 2024, from https://www.mckinsey.com/capabilities/mckinsey-digital/our-insights/digital-twins-the-foundation-of-the-enterprise-metaverse

Park, J. S., et al.(2023.10). Generative agents: Interactive simulacra of human behavior. In Proceedings of the 36th annual ACM symposium on user interface software and technology(pp. 1-22).

Parlar, T.(2023). Data privacy and security in the metaverse. In Esen, F. S., Tinmaz, H., Singh, M.(eds). Metaverse. *Studies in Big Data*, vol. 133. Springer, Singapore. https://doi.org/10.1007/978-981-99-4641-9_8

Pataranutaporn, P., et al.(2021). AI-generated characters for supporting personalized learning and well-being. *Nature Machine Intelligence*, 3(12), 1013-1022.

Soliman, M. M., et al.(2024). Artificial intelligence-powered metaverse: Analysis, challenges and future perspectives. *Artificial Intelligence Review*, 57, 36. https://doi.org/10.1007/s10462-023-10641-x

03
VR 개발 도구에 통합되는 AI

가상현실 기술과 인공지능의 융합은 디지털 경험의 새로운 지평을 열고 있다. 이 혁신적인 결합은 VR 개발 도구의 진화를 가속화하며, 더욱 몰입감 있고 지능적인 가상 환경을 창출하고 있다. 유니티(Unity)와 언리얼 엔진(Unreal Engine)과 같은 주요 VR 개발 플랫폼은 AI 기술을 적극적으로 통합하여, 개발 프로세스를 혁신하고 있다.

AI 통합 VR 개발 도구의 효율성 향상

인공지능(AI)을 가상현실(VR) 개발에 통합하는 것은 개발 과정에서 효율성을 크게 향상하고 있다. AI는 VR 콘텐츠의 질과 다양성을 개선하는 데 중요한 역할을 하고 있으며, 단순히 작업 속도만 높이는 것이 아니다. AI는 자연어 처리(NLP), 컴퓨터 비전, 동작 인식과 같은 기술을 통해 VR 환경에서의 사용자 경험을 크게 향상할 수 있다. 예를 들어 AI 기반 자연어 처리 기술은 가상 캐릭터와 사용자가 자연스럽게 대화할 수 있도록 지원하며, 이는 교육과 훈련, 게임 등 다양한 분야에서 활용 가능하다(Westera et al., 2020; Xia et al., 2020).

AI는 또한 콘텐츠 생성의 혁신을 불러일으키고 있다. 생성적 적대 신경망(GAN) 같은 기술은 고품질의 텍스처, 3D 모델, 가상 환경을 자동으로 생성할 수 있게 하여 개발 시간과 비용을 절감하면서도 다양하고 풍부한 VR 경험을 제공한다(Soliman, 2024; Wu et al., 2016). 이 기술을 통해 개발자는 수동으로 복잡한 3D 오브젝트나 환경을 설계할 필요가 없으며, AI는 이를 자동으로 처리하여 더욱 생생한 가상 환경을 구축할 수 있다(Chamola et al., 2024).

또 AI 기반 렌더링 최적화 기술은 VR 시스템의 성능을 향상하는 중요한 요소로 작용하고 있다. 예를 들어, 량 등(Liang et al., 2023)은 AI가 VR에서 발생하는 지연 시간(latency)을 줄이는 데 중요한 역할을 한다고 보고하며, 이는 사용자 몰입도를 높이고 VR 멀미와 같은 부작용을 감소하는 데 큰 기여를 한다. AI는 실시간 렌더링을 최적화함으로써 고해상도의 그래픽을 보다 효율적으로 처리하고 전반적인 시스템 성능을 극대화할 수 있다. 결론적으로 AI는 VR 개발 전반에 걸쳐 성능 개선과 효율성 증대에 중요한 역할을 하며, 사용자 경험을 혁신적으로 변화시키고 있다(Yan et al, 2022).

이러한 개선은 주요 VR 개발 플랫폼들의 AI 통합 노력으로 가능해졌다. 유니티 테크놀로지(Unity Technologies)는 백서를 통해 AI 기반 내러티브 생성 도구를 소개했다. 이 도구는 캐릭터의 특성과 상황에 맞는 대화를 자동으로 생성하고, 플레이어의 선택에 따라 다양한 스토리 전개를 만들어 내며, 게임 세계관에 맞는 다양한 퀘스트를 자동으로 생성한다. 또한 로블록스(Roblox Corporation)는 새로운 AI 코딩 도구를 소개했다. 이 도구는 코드 자동 완성, 버그 탐지 및 수정, 성능 최적화 기능을 제공한다.

에픽 게임스(Epic Games)에서 발표한 "메타휴먼 크

리에이터: VR을 위한 AI 기반 캐릭터 생성(MetaHuman Creator: AI-Driven Character Creation for VR)"에 따르면, 언리얼 엔진(Unreal Engine)의 AI 기반 캐릭터 생성 도구는 수천 개의 데이터 포인트를 사용해 실제 같은 얼굴을 만들어 내고, 자연스러운 표정 변화를 AI로 생성하며, 캐릭터에 맞는 다양한 의상과 헤어스타일을 자동으로 제안한다.

이러한 AI 통합 도구들은 VR 개발을 더욱 접근하기 쉽고 효율적으로 만들고 있다. 초보 개발자들도 고품질의 VR 콘텐츠를 더 쉽게 만들 수 있게 되었고, 숙련된 개발자들은 더 복잡하고 혁신적인 프로젝트에 집중할 수 있게 되었다. 그러나 이러한 발전이 창의성을 대체하는 것은 아니다. AI 도구는 개발자의 아이디어를 더 빠르고 효과적으로 구현하는 데 도움을 주는 것이며, 궁극적으로는 인간의 창의력과 AI의 효율성이 시너지를 이루어 더 나은 VR 경험을 만들어 내는 것이 목표다.

이러한 AI 통합 VR 개발 도구의 발전은 VR 기술의 미래를 밝게 하고 있다. 더 많은 개발자들이 쉽게 VR 콘텐츠를 만들 수 있게 되면서, VR 생태계는 더욱 다양하고 풍부해질 것으로 예상된다. 또 AI의 지원으로 인해 더욱 현실적이고 상호작용이 풍부한 VR 경험을 만들 수 있게 되어, 사용자들에게 더 깊은 몰입감과 만족도를 제공할 수 있을 것이다.

AI 기반 프로시저럴 콘텐츠 생성과 최적화

프로시저럴 콘텐츠 생성(PCG, Procedural Content Generation) 기술은 AI의 도움으로 큰 발전을 이루었다. PCG는 알고리즘을 사용하여 게임 콘텐츠를 자동으로 생성하는 기술이다. 쉽게 말해, 컴퓨터가 사전에 정의된 규칙과 무작위성을 조합하여 게임 레벨, 캐릭터, 아이템, 퀘스트 등을 만들어 내는 방식이다. PCG의 전통적인 사용 사례로는, '마인크래프트(Minecraft)'와 같은 게임에서 광활한 세계를 자동으로 만들어 내고 매번 다른 구조의 던전을 생성하며 수백만 가지의 다양한 게임 아이템 등을 만들어 내는 기능을 들 수 있다(Yannakakis & Togelius, 2015). AI, 특히 머신러닝과 딥러닝 기술의 도입으로 PCG는 더욱 강력해졌다. 전통적 PCG가 미리 정의된 규칙에 따라 콘텐츠를 생성하므로, 때로는 반복적이거나 부자연스러운 결과물이 나올 수 있었다면, AI 기반 PCG는 대량의 데이터를 학습하여 더 자연스럽고 다양한 콘텐츠를 생성한다. 예를 들어 실제 도시의 구조를 학습한 AI는 더 현실적인 가상 환경을 만들어 낼 수 있다. 또한 기존 PCG가 환경이나 게임의 진행 상황을 고려하지 않고 독립적으로 콘텐츠를 생성하는데 한계가 있었다면, AI 기반 PCG는 게임의 전체적인 맥락, 플레이어의 스타일, 이전 선택 등을 고려하여 더 적절한 콘텐츠를 생성한다. 예를 들어 플레이어가 전투를 좋아한다면 더 많은 전투 요소를 포함한 레벨을 생성할 수 있다. 또한 더 복잡하고 미묘한 패턴을 인식하고 생성할 수 있다. 예를 들어, NPC(Non-Player Characters, 비플레이어 캐릭터)의 대화를 생성할 때, 단순한 무작위 조합이 아닌 캐릭터의 성격, 게임의 상황, 플레이어와의 관계 등을 고려한 자연스러운 대화를 만들어 낼 수 있다.

게임 개발 도구와 인공지능의 통합을 통한 개발 방식 변화

유니티는 다양한 AI 도구와의 통합을 통해 개발자들이 보다 효율적으로 콘텐츠를 생성하고 조정할 수 있는 환경을 제공하고 있다. 특히 유니티 마스(Unity MARS)는 AI 기반의 혼합 현실(Mixed Reality) 콘텐츠를 제작할 수 있는 도구(Unity Technologies, 2024)로, 실시간으로 현실 세계와 상호작용하는 콘텐츠를 손쉽게 제작할 수 있게 한다. 이를 통해 개발자는 VR과 AR 환경에서 사용자 주변의 실제 환경 데이터를 기반으로 상호작용을 설계할 수 있다. 또 유니티는 머신러닝 에이전트(Unity ML-Agents)를 제공하여 게임 속 NPC나 캐릭터의 행동을 학습시키고, 이를 통해 더욱 자연스러운 AI 캐릭터를 구현할 수 있게 한다. 이 도구는 복잡한 게임 메커니즘을 학습할 수 있으며, 플레이어의 선택과 환경 변화에 따라 동적으로 행동하는 캐릭터를 구현하는 데 유용하다. 또한, 유니티는 AI 자동화 도구를 통해 코드 작성 및 오류 수정 작업을 단순화하는 기능을 제공하고 있다. 예를 들어 AI는 코드 완성이나 실시간 오류 검출 기능을 통해 개발자의 작업 속도를 높이며 복잡한 코딩 작업을 간소화한다. 이는 특히 초보 개발자들이 고품질의 게임을 빠르고 효율적으로 제작할 수 있게 돕는다.

언리얼 엔진은 AI 통합을 통해 더 정교한 그래픽과 현실적인 상호작용을 가능하게 하고 있다. 메타 휴먼 크리에이터(MetaHuman Creator)는 AI를 활용한 캐릭터 생성 도구로(Epic Games, 2024), 고도로 현실적인 캐릭터 모델을 자동으로 생성할 수 있다. 이 도구는 AI를 통해 수천 개의 데이터 포인트를 학습하여, 실제 인간의 얼굴과 유사한 모델을 생성하며 캐릭터의 표정과 움직임을 자연스럽게 표현한다. 이를 통해 개발자들은 수작업으로 캐릭터를 모델링할 필요 없이, 간단한 설정만으로 고품질의 캐릭터를 제작할 수 있다. 또 언리얼 엔진은 AI 기반의 렌더링 최적화를 통해 성능을 극대화하고 있다. AI는 실시간으로 그래픽 성능을 조정하고, 지연 시간을 최소화함으로써 사용자 몰입도를 높인다. 예를 들어 언리얼 엔진은 AI를 활용하여 렌더링 중 발생하는 자원을 효율적으로 관리하고 높은 해상도의 그래픽을 실시간으로 처리하는 기능을 제공한다. 이는 특히 대규모 환경이나 복잡한 물리 효과를 구현하는 데 큰 장점을 제공한다. 또 AI 기반 게임 메커니즘 추천 시스템인 블루프린트 AI 에디터(Blueprint AI Editor)는 게임 개발 과정에서 플레이어의 행동을 실시간으로 분석하고, 이에 맞는 게임 메커니즘을 자동으로 추천하는 기능을 제공한다. 이를 통해 게임 내 밸런스를 유지하거나 적응형 게임 플레이를 구현할 수 있으며, 개발자는 복잡한 게임 시스템을 보다 쉽게 설계할 수 있다.

고도(Godot)는 오픈소스 게임 엔진으로, AI 통합을 통해 개발자들에게 새로운 가능성을 열어 주고 있다(Godot Engine, 2024). 특히 AI GD스크립트 어시스턴트(AI GDScript Assistant)는 실시간으로 코드 작성 시 피드백을 제공하는 도구로, 코드의 오류를 자동으로 감지하고 수정 제안을 한다. 이는 초보 개발자들이 빠르게 게임 개발에 익숙해질 수 있도록 돕는 동시에, 더 복잡한 코드를 작성할 때 발생하는 오류를 줄이는 데 매우 유용하다. 고도는 PCG를 활용하여, 알고리즘으로 게임 내 환경, 레벨, 오브젝트 등을 자동으로 생성하는 기술로, 특히 무작위성(Randomness)이 중요한 게임에서 유용하다. AI를 통해 기존의 PCG 시스템은 더욱 정교하게 발전했으며, 플레이어의 게임 진행 상황에 맞춰 환경이나 콘텐츠를 실시간으로 생성할 수 있게 되었다. 이를 통해 플레이어에게는 매번 새로운 게임 경험을 제공하고, 개발자는 복잡한 레벨 디자인 작업을 줄일 수 있다.

참고문헌

Chamola, V., et al.(2024). Beyond reality: The pivotal role of generative AI in the metaverse. *IEEE Internet of Things Magazine*, 7(4), pp.126-135.

Epic Games(n.d.). MetaHuman. Unreal Engine. Retrieved October 14, 2024, from https://www.unrealengine.com/en-US/metahuman

Godot Engine(n.d.). AI GDScript Assistant. Godot Asset Library. Retrieved October 14, 2024, from https://godotengine.org/asset-library/asset/1958

Liang, P., et al.(2023). Reducing latency in VR systems with AI-driven optimization. *Virtual Reality Technology Review*,

11(2), pp.255-276.

Soliman, M. M., et al.(2024). Artificial intelligence-powered metaverse: Analysis, challenges and future perspectives. *Artificial Intelligence Review*, 57, 36. https://doi.org/10.1007/s10462-023-10641-x

Unity Technologies(n.d.). Unity MARS: Get started. Unity. Retrieved October 14, 2024, from https://unity.com/products/mars/get-started

Westera, W., et al.(2020). Artificial intelligence moving serious gaming: Presenting reusable game AI components. *Education and Information Technologies*, 25, pp.351-380.

Wu, J., et al.(2016). Learning a probabilistic *latent space of object shapes via 3d generative-adversarial modeling.* Advances in Neural Information Processing Systems, 29, pp.82-90.

Xia, B., et al.(2020). Recent research on AI in games. 2020 International Wireless Communications and Mobile Computing(IWCMC), 505-510.

Yan, H., et al.(2022). Toward intelligent design: An AI-based fashion designer using generative adversarial networks aided by sketch and rendering generators. *IEEE Transactions on Multimedia*, 25, pp.2323-2338.

Yannakakis, G. N., & Togelius, J.(2015.9). Experience-driven procedural content generation. In 2015 International Conference on Affective Computing and Intelligent Interaction(ACII)(pp. 519-525). IEEE.

Zhu, Y., et al.(2024). Graph Retrieval Augmented Trustworthiness Reasoning. arXiv preprint arXiv:2408.12333.

04
몰입감 향상

가상현실(VR)과 인공지능(AI)의 융합은 교육 분야에서 몰입감을 크게 향상하는 혁신적인 방법을 제공하고 있다. 이 장에서는 AI 기반 적응형 환경과 지능형 아바타가 어떻게 VR 학습 경험의 몰입감과 실재감을 높이는지 살펴본다.

몰입감의 중요성

가상현실(VR) 학습 환경은 교육에서 몰입감의 중요성을 획기적으로 보여 주고 있다. VR의 몰입적 특성은 칙센트미하이(Mihaly Csikszentmihalyi)의 플로(Flow) 이론과 밀접하게 연관되어 있으며, 이는 학습자가 활동에 완전히 몰두하여 높은 집중력과 참여도를 경험하는 상태를 의미한다. VR은 현실감 있는 상호작용적 환경을 조성하고, 외부 방해 요소를 최소화하며, 명확한 목표와 즉각적인 피드백을 제공함으로써 이러한 플로 상태를 효과적으로 유도한다. 장과 프라이어(Jiang & Fryer, 2024)의 연구는 VR 기술의 혁신성이 학생들의 호기심을 자극하고 초기 몰입도를 높이는 핵심 요인임을 밝혔다. 이러한 몰입감은 단순한 흥미 유발을 넘어 학습 효과의 증진으로 이어진다. 파울러(Fowler, 2015)의 연구는 VR이 제공하는 맥락적 학습의 중요성을 강조하며, 실제적인 시뮬레이션을 통해 학습 내용의 관련성을 높이고 더 깊은 몰입을 유도한다. 예를 들어 의학 교육에서 VR 수술 시뮬레이션은 학생들의 몰입도를 극대화하여 실제 임상 기술 향상에 직접적으로 기여했다. 매크런스키와 메이어(Makransky & Mayer, 2022)의 연구는 VR의 상호작용적 특성이 학습 몰입도와 이해도 향상에 미치는 긍정적 영향을 입증했다. 특히 학생들이 가상 환경에서 직접 조작하고 탐험할 수 있는 기회가 제공될 때, 몰입감이 극대화되어 학습 효과가 크게 증진되었다. 이러한 연구 결과들은 VR 학습 환경에서의 몰입감이 단순한 기술적 특성을 넘어, 학습자의 동기 부여, 정보 처리, 기억력 향상, 실제적인 기술 습득에 중요한 역할을 한다는 것을 보여준다. 결과적으로 교육에서의 몰입감은 학습 경험의 질을 높이고 교육 성과를 개선하는 데 핵심 요소로 자리 잡고 있으며, VR 기술은 이러한 몰입감을 효과적으로 구현하고 극대화하는 강력한 도구로 인식되고 있다. 기존의 VR 기술과 더불어 최신 AI 기술들은 가상현실 공간을 보다 효과적으로 몰입감을 증대하는 공간으로 만들어 내고 있다.

AI 기반 적응형 VR 환경

VR의 몰입적 특성과 최신 AI 기의 결합은 고도로 개인화되고 반응성 높은 가상 학습 경험을 만들어 낼 수 있게 되었다. 이러한 AI 기반 적응형 VR 환경은 패러다임을 변화시키고 있다. AI 알고리즘은 VR 환경 내에서 학생의 상호작용, 성과, 선호도를 분석하여 학습 경험을 동적으로 조정할 수 있다(Spronck et al., 2006). 예를 들어 특정 개념에 어려움을 겪는 학생에게 추가 설명이나 연습 기회를 제공하는 등 콘텐츠를 적응적으로 조정할 수 있다. 또한 AI는 학생의 선호하는 학습 스타일을 식별하고 VR 프레젠테이션을 그에 맞게 조정하여 시각적 요소, 음성 설명, 상호작용 과제의 균형을 최적화할 수 있다. 이러한 지능형 스캐폴딩 접근법은 몰입형 VR 환경 내에서 맞춤형 학습 지원을 제공한다.

AI 기반 가상 캐릭터들은 VR 환경 내에서 적응형 튜터나 가이드 역할을 수행할 수 있다(Terzidou et al., 2016). 자연어 처리 기술을 통해 학생들은 AI 튜터에게 질문을 하고 맥락에 맞는 관련 답변을 받을 수 있다. 더 나아가 고급 AI 시스템은 학생의 표정, 음성 톤, 몸짓 언어를 분석하여 감정 상태를 파악하고 그에 따라 상호작용을 조정할 수 있다(Holmgard et al., 2014). 이를 통해 AI 튜터는 학생의 성과에 대해 상세하고 개별화된 피드백을 제공하며, 개선이 필요한 영역을 강조하고 맞춤형 학습 자원을 제안할 수 있다.

AI 알고리즘은 실시간으로 VR 환경을 생성하고 수정할 수 있는 능력도 갖추고 있다(Moon et al., 2024). 절차적 콘텐츠 생성을 통해(Liu et al., 2021), AI는 특정 학습 목표와 학생의 요구에 맞춘 고유한 시나리오, 도전 과제,

또는 전체 가상 세계를 만들어 낼 수 있다. VR 환경 내의 복잡성과 도전 과제는 학습자의 숙련도에 따라 자동으로 조정되어, 도전과 성취 가능성 사이의 최적의 균형을 보장한다. 또한 AI는 학습 개념을 강화하거나 실제 세계의 맥락을 제공하기 위해 VR 장면에 관련 요소를 동적으로 도입할 수 있다.

VR 학습 데이터에 대한 AI 분석은 교육자와 학생 모두에게 귀중한 통찰력을 제공한다. 학생의 성과, 참여도, 학습 패턴에 대한 상세한 분석은 교육자가 추가 지원이 필요한 영역을 식별하는 데 도움을 준다. AI 모델은 잠재적인 학습 과제나 기회를 예측하여 선제적 개입을 가능케 하며, 학생의 VR 학습 이력을 바탕으로 교육을 더욱 향상하기 위한 추가 자원, 활동, 또는 학습 경로를 제안할 수 있다.

지능형 에이전트와 사회적 실재감

인공지능과 가상현실 기술의 발전과 함께 사회적 존재감(social presence)(Sheridan, 1996)이 가상 환경에서 어떻게 형성되는지에 대한 관심이 더욱 커지고 있다. 사회적 존재감은 매개된 상호작용에서 상대방이 실제 존재하는 것처럼 느껴지는 감각을 의미한다. 이는 단순한 기술적 성취를 넘어 가상 공간에서의 사용자 경험을 어떻게 인간적으로 만들 것인가 하는 중요한 주제를 담고 있다. 이 개념에서 중요한 두 가지 요소가 있다. 먼저 친밀감(Intimacy)이다. 의사소통하는 사람들 간의 정서적 연결을 말한다. 이는 메시지의 내용뿐만 아니라, 음성 톤, 몸짓 언어, 상호작용의 빈도에 따라 다르게 느껴질 수 있다. 다음으로 즉시성(Immediacy)이다. 심리적 거리를 줄이는 정도를 말한다. 이는 상호작용의 지연 시간, 반응성, 감정적 공감 등을 통해 강화될 수 있다.

이러한 사회적 존재감은 단순히 매체의 특성만으로 결정되지 않으며, 사용자의 인식과 행동, 그리고 기술적 특성의 상호작용에 의해 공동으로 구성된다고 보고 있다. 예를 들어 사용자가 가상현실에서 NPC(Non-Player Character, 비플레이어 캐릭터)와 상호작용할 때, 그 캐릭터가 지능형 에이전트를 통해 현실적인 반응을 보인다면, 더 높은 수준의 사회적 존재감을 경험하게 된다.

AI 기반 지능형 에이전트는 사회적 존재감을 촉진하는 데 중요한 역할을 한다. 특히 자연어 처리(NLP), 컴퓨터 비전 및 행동 인식 기술을 통해 가상 캐릭터와의 상호작용이 더 자연스럽고 인간적으로 느껴질 수 있다. 가상현실에서 AI는 사용자와의 대화를 통해 감정적 반응을 학습하고 그에 따라 적절한 감정적 피드백을 제공한다. 예를 들어 사용자가 가상 회의에서 가상 캐릭터와 대화할 때 AI는 사용자의 표정, 목소리 톤, 대화 맥락 등을 분석하여 더 자연스러운 대화를 이어 나갈 수 있다. 또 AI는 가상 환경의 반응성을 향상해 사회적 존재감을 증대한다. 이는 대화형 에이전트가 사용자 행동을 실시간으로 분석하고, 그에 맞는 적절한 행동을 통해 즉시성을 제공하는 방식으로 이루어진다.

인지 부하 관리와 몰입감

VR 학습 환경에서 과도한 자극은 학습자의 인지 부하를 증가시키며, 이는 몰입감에 부정적인 영향을 미칠 수 있다. 이를 이해하려면 스웰러(Sweller)의 인지 부하 이론을 바탕으로 VR 학습에서 AI가 어떻게 효과적으로 인지 부하를 조절하는지 살펴볼 필요가 있다. 인지 부하는 학습자가 정보를 처리하는 과정에서 요구되는 정신적 자원의 양을 의미하며, 너무 많은 정보나 복잡한 자극은 학습자의 능력을 압도할 수 있다. 이로 인해 몰입감이 깨지거나 학습 성과가 저하될 수 있다.

정보 분절

스웰러의 인지 부하 이론에 따르면, 복잡한 정보를 작은 단위로 분절하여 제공하는 것이 학습 성과를 높일 수 있다. 존슨글렌버그(Johnson-Glenberg, 2022)의 연구에서 AI는 복잡한 생물학 개념을 학습자가 이해할 수 있는 속도에 맞춰 점진적으로 제공하는 방식으로 인지 부하를 관리했다. 이를 통해 학습자는 전체 개념을 한꺼번에 이해하려고 노력하기보다 각 단계에서 필요한 정보만을 처리할 수 있었고, 이는 학습 과정에서 몰입감을 유지하는 데 중요한 역할을 했다.

멀티모달 정보 제공

정보를 시각, 청각, 촉각 등의 다양한 감각 채널로 전달함으로써 인지 부하를 분산시키는 것은 VR 학습에서 매우 효과적이다. 예를 들어 생물학 개념을 단순히 텍스트로 전달하는 대신, 시각적 이미지나 3D 모델을 통해 보여 주고, 동시에 설명을 들려주는 방식이 학습자의 인지 자원을 보다 효율적으로 사용할 수 있도록 도와준다. 이 방식은 단일 감각 채널을 사용하는 것보다 학습자가 정보를 더 잘 이해하고 기억할 수 있게 하며, 학습 과정에서의 몰입감을 더욱 강화한다.

실시간 난이도 조절

학습자가 과도한 인지 부하를 겪지 않도록 AI 시스템은 학습자의 생체 신호를 모니터링하여 학습 난이도를 조절한다. 예를 들어 동공 확장, 심박수 변화, 또는 뇌파 분석을 통해 학습자가 스트레스를 받거나 인지적 부담을 느끼고 있는지 실시간으로 파악할 수 있다. 존슨글렌버그의 연구에서는 AI가 이러한 생체 데이터를 분석해 학습 내용의 복잡성을 즉각적으로 조정함으로써 학습자가 몰입을 유지하고 인지적으로 과부하되지 않도록 했다. 이러한 실시간 조절은 학습자의 개별 능력과 상태에 맞춘 학습 환경을 제공하여 몰입감과 학습 효과를 동시에 극대화할 수 있다.

감정적 몰입과 AI

학습에서의 감정적 측면은 몰입감과 학습 효과에 중요한 영향을 미친다. 멜로와 그래서(D'Mello & Graesser, 2019)의 연구는 AI가 어떻게 VR 학습 환경에서 학습자의 감정을 인식하고 이에 대응하여 감정적 몰입을 향상할 수 있는지 조사했다. 이 연구에서는 문제 기반 학습(PBL) 접근법을 사용한 VR 환경을 구현했다. AI 시스템은 다음과 같은 방식으로 학습자의 감정 상태에 대응했다.

- 실시간 감정 인식: 안면 표정, 음성 톤, 생체 신호 등을 분석하여 학습자의 감정 상태 파악
- 정서적 스캐폴딩: 학습자가 좌절감을 느낄 때 격려와 힌트 제공
- 성취감 강화: 성공적인 문제 해결 시 학습자에게 개인화된 칭찬과 보상 제공
- 흥미 유발: 학습자가 지루해하는 징후를 보일 때 관련된 흥미로운 사실이나 도전 과제 제시

현실감 있는 피드백과 몰입감

VR 환경에서의 현실감 있는 피드백은 몰입감을 크게 향상할 수 있다. 바일렌슨 등(Bailenson et al., 2023)의 연구는 AI가 어떻게 VR에서의 햅틱 피드백(haptic feedback)을 개인화하고 정교화하여 몰입감을 높일 수 있는지 조사했다. 이 연구에서는 외과 수술 훈련을 위한 VR 시뮬레이션을 사용했다. AI 시스템은 다음과 같은 방식으로 햅틱 피드백을 제공했다.

- 개인화된 힘 감지: 각 사용자의 힘 조절 능력을 학습하여 적절한 저항감 제공
- 상황별 촉각 시뮬레이션: 다양한 조직 유형에 대한

정교한 촉각 피드백 생성

- 실시간 오류 감지: 부적절한 수술 기술 사용 시 즉각적인 촉각적 경고 제공
- 진행 상황 피드백: 수술 단계별 성공적 완료에 대한 촉각적 확인 제공

결론

AI 기반 적응형 환경과 지능형 아바타는 VR 학습 경험의 몰입감과 실재감을 크게 향상하고 있다. 개인화된 콘텐츠 제공, 실시간 감정 인식과 대응, 인지 부하 관리, 현실감 있는 피드백 등을 통해 AI는 각 학습자에게 최적화된 몰입형 학습 환경을 제공할 수 있다. 그러나 이러한 기술의 발전과 함께 윤리적 고려 사항도 중요해지고 있다. 예를 들어 학습자의 감정 데이터 수집과 사용에 대한 프라이버시 문제, AI 시스템의 의사 결정 과정의 투명성, 지나친 몰입으로 인한 현실과의 괴리 등의 문제에 대한 지속적인 연구와 논의가 필요하다. 향후 연구는 AI-VR 융합 학습 환경의 장기적 효과, 다양한 학습 영역에서의 적용 가능성, 개인차를 고려한 더욱 정교한 개인화 전략 등에 초점을 맞출 필요가 있다. 이를 통해 우리는 더욱 효과적이고 몰입도 높은 학습 경험을 제공할 수 있다.

참고문헌

Bailenson, J. N., et al.(2023). Personalizing haptic feedback for immersive VR experiences in surgical training. *Virtual Reality in Healthcare*, 45(1), pp.125–137.

Csikszentmihalyi, M.(1990). *Flow: The psychology of optimal experience*. Harper & Row.

D'Mello, S., & Graesser, A. C.(2019). Emotions during the learning of difficult material: Insights from advanced learning technologies. In *International Handbook of the Learning Sciences*(pp. 101–110). Routledge.

Fowler, C.(2015). Virtual reality and learning: Where is the pedagogy?. *British Journal of Educational Technology*, 46(2), pp.412–422.

Holmgard, C., et al.(2014). Generative agents for player decision modeling in games. Proceedings of the 9th International Conference on Foundations of Digital Games (FDG), 10–15.

Jiang, J., & Fryer, L. K.(2024). The effect of virtual reality learning on students' motivation: A scoping review. *Journal of Computer Assisted Learning*, 40(1), pp.360–373.

Johnson–Glenberg, M. C.(2022). The embodiment of biological knowledge in immersive VR: Multimodal interfaces reduce cognitive load. *Cognitive Processing*, 23(1), pp.87–95.

Liu, J., et al.(2021). Deep learning for procedural content generation. *Neural Computing and Applications*, 33(1), pp.19–37.

Makransky, G., & Mayer, R. E.(2022). Benefits of taking a virtual field trip in immersive virtual reality: Evidence for the immersion principle in multimedia learning. *Educational*

Psychology Review, 34(3), pp.1771–1798.

Moon, J., et al.(2024). Learning analytics in seamless learning environments: A systematic review. *Interactive Learning Environments*, pp.1–18.

Sheridan, T. B.(1996). Further musings on the psychophysics of presence. *Presence: Teleoperators & Virtual Environments*, 5(2), pp.241–246.

Spronck, P., et al. (2006). Adaptive game AI with dynamic scripting. *Machine Learning*, 63, pp.217–248.

Terzidou, T., et al.(2016). Agent-supported serious game environment. *IEEE Transactions on Learning Technologies*, 9(3), pp.217–230.

05
상호작용성과 충실도

가상현실(VR)에서의 상호작용성과 충실도(fidelity)는 사용자 경험의 질을 결정짓는 핵심 요소다. 특히 교육 심리학의 관점에서 볼 때 이 두 요소는 학습 효과와 직접적인 연관성을 갖고 있다. 인공지능(AI)의 발전은 VR 환경에서의 상호작용성을 높이고 충실도 격차를 해소하는 데 중요한 역할을 하고 있으며, 이는 교육적 맥락에서 큰 의미를 갖고 있다.

상호작용성의 개념과 중요성

교육 심리학자 비고츠키(Lev Vygotsky)의 사회적 구성주의 이론에 따르면, 학습은 기본적으로 사회적 상호작용을 통해 이루어지며 이는 개인이 공동체와의 상호작용 속에서 지식을 구축해 나가는 과정이다(Amineh & Asl, 2015). 이 이론은 학습자가 더 경험 많은 사람과 상호작용할 때 그들의 잠재적 발달 수준(ZPD, zone of proximal development)을 확장할 수 있다고 주장한다(Borthick et al., 2003). 이를 가상현실(VR) 환경에 적용하면, 상호작용적인 디지털 경험은 학습자가 지식을 구축하는 데 중요한 역할을 하며 추상적인 개념을 보다 구체적으로 이해할 수 있도록 지원한다.

상호작용성의 VR 환경에서의 확장

VR 환경에서의 상호작용성은 비고츠키의 이론을 디지털 공간으로 확장하는 역할을 한다. 학생들은 가상 환경에서 직접적으로 체험형 학습에 참여할 수 있으며, 이는 단순한 이론적 설명보다 훨씬 더 실감 나는 경험을 제공한다. 예를 들어 물리학 개념을 학습할 때 학생들은 가상의 실험실에서 중력, 운동 등의 물리적 현상을 직접 실험하고 결과를 관찰하면서 추상적인 개념을 구체적으로 이해할 수 있다. 이러한 직접적이고 몰입형인 학습은 비고츠키가 강조한 "실제적 과제 수행"을 디지털 방식으로 구현하며, 교사와의 상호작용뿐만 아니라 VR 시스템 자체와의 상호작용을 통해 학습자가 능동적으로 지식을 쌓을 수 있게 한다.

VR의 상호작용성은 학습자에게 몰입감과 동기 부여를 강화하는 데 중요한 역할을 한다. 전통적인 교실 환경에서는 학생들이 수동적으로 정보를 받아들이는 반면, VR 환경에서는 학습자가 직접 탐구하고 문제를 해결하는 능동적 학습이 이루어진다. 예를 들어 가상의 실험실에서 학생들이 실험을 설계하고 데이터를 수집하는 과정은 그들이 배우는 내용을 더 잘 이해할 수 있게 하고, 그 지식을 실생활 상황에 적용할 수 있도록 도와준다.

더 나아가 VR에서의 상호작용은 사회적 상호작용과 결합될 때 더 큰 학습 효과를 발휘할 수 있다. AI 기반 아바타나 가상 캐릭터와의 상호작용은 실제 사람과의 상호작용과 유사한 사회적 존재감을 느끼게 하며, 이는 학습자들이 자신의 학습을 보다 실감 나게 경험하도록 도와준다. 예를 들어 AI가 가상 교사나 동료의 역할을 하여 실시간 피드백을 제공하거나, 학습자가 실험에서 실수했을 때 적절한 가이드를 제공하는 방식으로 상호작용이 이루어진다. 이처럼 상호작용성은 단순히 학습자의 행동에 반응하는 것을 넘어 학습자의 능동적 참여를 유도하고 그 과정에서 학습 동기와 지속적인 몰입을 촉진하는 중요한 역할을 한다. 비고츠키의 사회적 구성주의 이론에 기반하여, VR과 같은 몰입형 학습 환경에서의 상호작용성은 학습자가 지식을 보다 깊이 이해하고 실생활에 적용할 수 있도록 지원한다.

AI를 활용한 상호작용성 향상

AI 기술은 VR 환경에서의 상호작용성을 새로운 차원으로 끌어올리고 있다. 이러한 적응형 상호작용은 비고츠키의 '근접 발달 영역' 이론을 실제로 구현한 것으로 볼 수 있다. AI는 각 학습자의 현재 능력 수준을 파악하고, 그보다 조금 더 높은 수준의 과제를 제시함으로써 지속적인 성장을 유도한다. VR 환경에서의 상호작용성은 단순히 사용자의 입력에 반응하는 것을 넘어, 사용자의 행동과 선택에 따라 환경이 동적으로 변화하고 적응하는 것을 의미한다. 학생들은 달, 지구, 화성 등 다양한 중력 환경을 선택해 그 안에서 물체를 던지거나 떨어뜨리는 실험을 통해 중력의 영향을 학습할 수 있다. 이러한 상호작용적인 실험은 학생이 직접 물체를 조작하고 그 결과를 실시간으로 관찰할 수 있도록 하여, 피드백 기반 학습이 이루어진다. 또 즉각적인 피드백은 학습자가 실수하거나 잘못 이해했을 때 빠르게 교정할 기회를 제공하며, 이는 학생이 자기 주도적으로 학습할 수 있는 능력을 강화한다. VR에서의 상호작용은 학습자가 단순히 지식을 전달받는 수동적인 존재가 아니라 학습 과정을 능동적으로 조정하고 탐구하는 참여자가 되는 것을 의미한다. 이는 학습자가 가상 공간에서 실시간으로 경험을 쌓고 이를 통해 지식을 능동적으로 구축해 나가는 방식으로 학습에 몰입하게 만든다.

충실도와 학습 효과

VR 환경의 충실도는 학습 전이(transfer of learning)와 밀접한 관련이 있으며(Lefor et al., 2020), 특히 의료, 항공, 군사 훈련과 같은 고위험 분야에서 그 효과가 두드러진다. 이러한 분야에서 VR 훈련 환경은 현실과 유사한 고충실도의 환경을 제공하여 실제 상황에서 필요한 기술과 지식을 효과적으로 습득할 수 있도록 한다. 예를 들어 의료 훈련에서는 수술 시뮬레이션을 통해 의사들이 실제 환자에게 위험을 주지 않고도 다양한 기술을 연습할 수 있으며, 항공 훈련에서는 비행 시뮬레이터가 현실적인 비행 상황을 재현하여 초보 조종사들이 비행 기술을 습득하는 데 도움을 준다.

흥미롭게도 모든 학습 상황에서 최고 수준의 충실도가 필요한 것은 아니다(Schlairet et al., 2015). 과도한 충실도는 특히 초보 학습자에게 인지적 과부하(cognitive overload)를 초래할 수 있기 때문이다. 인지적 과부하는 학습자가 너무 많은 정보나 복잡한 환경에 노출될 때 발생하여 학습 효과를 저해할 수 있다. 이를 방지하기 위해 단계적 접근이 필요하다. 예를 들어 비행 시뮬레이션에서는 초보 조종사들이 처음에는 단순화된 조종석 환경에서 기본적인 비행 원리를 학습하고, 이후 점진적으로 더 복잡한 요소들이 추가되는 방식으로 훈련이 진행된다(Liu et al., 2008). 이러한 방식은 학습자들이 과도한 스트레스를 받지 않으면서 필요한 기술을 습득하게 하고, 최종적으로는 고충실도 환경에서도 높은 성과를 달성할 수 있도록 한다. 교육공학 분야에서의 반메리엔부르(Van Merriënboer)의 4C/ID(네 가지 구성 요소 설계) 교수 설계 모형 또한 충실도 개념을 통해 학습 환경과 실제 작업 환경 간의 유사성을 강조한다. 반메리엔부르는 충실도가 학습 전이에 중요한 역할을 한다고 설명하며, 특히 복잡한 기술과 지식을 습득하는 학습 환경에서는 높은 수준의 충실도가 필요할 수 있지만, 학습자의 수준과 맥락에 맞는 적절한 충실도를 유지하는 것이 더 효과적일 수 있다고 지적한다. 그는 지나치게 높은 충실도가 초보 학습자에게 인지적 과부하를 유발할 수 있다고 경고하며, 교육 초기 단계에서는 단순화된 환경이 더 유익할 수 있다고 설명한다. 이후 학습자가 숙련될수록 학습 환경의 복잡성을 점진적으로 높여 가는 것이 중요하다. 이러한 단계적 접근은 학습자가 점차 더 복잡한 실제 상황에 대비할 수 있게 도와준다.

AI를 통한 충실도 격차 해소

AI를 통한 충실도 격차 해소는 반메리엔부르의 4C/ID 모델에서 제시한 충실도와 인지적 부담 사이의 균형을 적절히 맞추는 데 중요한 역할을 한다. 반메리엔부르는 학습 초기 단계에서는 학습자의 인지적 부하를 줄이기 위해 단순화된 환경을 사용하는 것이 효과적이라고 강조하며, 학습자가 숙련됨에 따라 점진적으로 더 복잡한 충실도의 환경을 제공하는 단계적 접근이 필요하다고 제안한다.

이러한 원칙은 AI 기반 VR 환경에서 그대로 적용될 수 있다. 예를 들어 AI는 실시간으로 학습자의 상태를 분석하여 학습자의 능력과 인지적 부담을 고려한 충실도 조절이 가능하다. 초보자에게는 간단한 시각 정보만을 제공하여 인지적 과부하를 방지하고, 숙련자가 되어 갈수록 복잡한 정보와 세부 사항을 추가하는 방식이다. 이는 학습자가 각자의 학습 속도와 능력에 맞춰 점진적으로 더 깊이 있는 학습 경험을 할 수 있게 하며, 반메리엔부르의 단계적 학습 설계와 일치한다.

또 AI 기술은 실시간 렌더링과 자연어 처리를 통해 상호작용성을 높이고 몰입감 있는 학습 환경을 조성한다. 예를 들어 AI 기반 얼굴 표정 생성 기술은 VR 환경에서 아바타 간의 상호작용을 더 자연스럽게 만들고, 사회적 존재감을 증대하는 데 기여한다. 이러한 상호작용성은 학습자가 더 능동적으로 학습에 참여하도록 촉진할 수 있지만, 동시에 지나치게 복잡한 충실도가 인지적 부하를 가중할 수 있기 때문에 적절한 조절이 필요하다. 따라서 AI는 VR 환경에서 상호작용성과 충실도를 동적으로 조정하여 학습자가 몰입하면서도 효율적으로 학습할 수 있는 최적의 환경을 제공하는 데 중요한 역할을 한다. 이는 반메리엔부르의 4C/ID 모델에서 제시된 충실도와 인지적 부하의 균형을 맞추는 원칙과도 잘 부합한다.

참고문헌

Amineh, R. J. & Asl, H. D.(2015). Review of constructivism and social constructivism. *Journal of Social Sciences, Literature and Languages*, 1(1), pp.9-16.

Borthick, A. F., et al.(2003). Designing learning experiences within learners' zones of proximal development (ZPDs): Enabling collaborative learning on-site and online. *Journal of Information Systems*, 17(1), pp.107-134.

Lefor, A. K., et al.(2020). The effect of simulator fidelity on procedure skill training: A literature review. *International Journal of Medical Education*, 11, p.97.

Liu, D., et al.(2008). Simulation fidelity. In D. A. Vincenzi, M. Mouloua, & P. A. Hancock (Eds.). *Human factors in simulation and training* (pp. 61-74). CRC Press.

Schlairet, M. C., et al.(2015). Cognitive load, emotion, and performance in high-fidelity simulation among beginning nursing students: A pilot study. *Journal of Nursing Education*, 54(3), pp.S5-S11.

Spronck, P., et al.(2006). Adaptive game AI with dynamic scripting. *Machine Learning*, 63, pp.217-248.

Van Merriënboer, J. J. & Kirschner, P. A.(2018). *Ten steps to complex learning: A systematic approach to four-component instructional design*. Routledge.

06
AI 기반 개인화와 콘텐츠 제작

가상현실(VR)에서의 AI 기반 개인화와 콘텐츠 제작은 교육 기술의 새로운 지평을 열고 있다. AI 알고리즘은 방대한 사용자 데이터를 분석하여 각 학습자에게 맞춤화된 VR 경험을 제공하며, 동시에 교육 콘텐츠 제작 과정을 자동화하고 가속화하고 있다.

개인화된 VR 학습 경험의 중요성

머랜스키와 피터슨(Makransky & Petersen, 2021)의 연구는 개인화된 VR 학습 환경이 학습 성과에 미치는 긍정적인 영향을 강조했다. 이들은 대학생들을 대상으로 화학 실험실 시뮬레이션에서, 개인화된 환경이 비개인화된 환경에 비해 학습 효과를 높인다는 사실을 발견했다. 개인화된 환경에서는 학생들이 자신의 이름으로 호명되고 자신의 관심사와 관련된 실험 주제를 선택할 수 있었다. 예를 들어 환경에 관심이 있는 학생은 수질 오염 관련 실험을, 의학에 관심이 있는 학생은 약물 합성 실험을 선택했다. 이러한 맞춤형 학습 경험은 학생들이 학습 자료에 더 몰입하고 실생활과 관련된 지식에 더 잘 연결되도록 도와 학습 효과를 높였다. 이 연구는 개인화가 자기 효능감과 동기 부여를 촉진하며, 특히 학생들이 VR 환경에서 높은 존재감을 느끼게 했을 때 더 깊이 있는 학습이 이루어질 수 있음을 보여 주었다. 또한 연구 결과는 개인화된 VR 학습 환경이 학생들의 인지적 부하를 줄여 주고, 학습 내용을 더 잘 이해하고 기억하게 만드는 데 기여할 수 있음을 시사했다. AI 기술이 이러한 개인화된 경험을 더욱 정교하게 만들어 줄 수 있다. AI 기반 분석을 통해 학습자의 선호도, 학습 속도, 이전 성과에 따라 맞춤형 학습 자료와 실험을 제공함으로써, 학습자는 자신의 관심사와 학습 목표에 맞는 경험을 할 수 있다. AI와 개인화된 VR이 결합된 학습 환경은 학습자의 몰입감을 증가시키고 그에 따른 학습 성과를 향상할 수 있는 잠재력을 지니고 있다. 다만, 이러한 시스템이 학습자 데이터를 어떻게 관리하고 윤리적 문제를 해결할 것인지에 대한 지속적인 연구와 논의가 필요하다.

AI 기반 학습자 데이터 분석

AI 기반 학습자 데이터 분석은 VR 학습 환경에서 학습 성과와 개인화를 크게 향상할 수 있는 중요한 도구다. 홀스타인 등(Holstein et al., 2019)의 연구에서는 AI 시스템 '루밀로(Lumilo)'를 통해 실시간으로 학습 데이터를 분석하여 교사와 학생에게 피드백을 제공하는 방식을 탐구했다. 루밀로는 학생들의 태블릿 활동을 모니터링하여 학습자의 이해도, 문제 해결 패턴, 오답 빈도 등을 시간으로 추적한다. 그 데이터를 활용해 교사는 증강현실(AR) 안경을 통해 각 학생의 학습 진행 상태를 확인하고, 어려움을 겪고 있는 학생들에게 즉각 개입할 수 있다. 이처럼 실시간 데이터 분석은 교사의 개입 시점을 최적화하고 학습자의 학습 경험을 더욱 능동적으로 만든다.

이와 같은 접근은 AI 기반 VR 학습 환경에서 매우 효과적으로 활용될 수 있다. AI 학습 분석(VR AI Learning Analytics) 기술은 학생들이 VR에서 어떤 행동을 취하고 있는지, 어디에서 어려움을 겪고 있는지 실시간으로 추적할 수 있다. 예를 들어 AI는 학습자가 가상 실험실에서 실험을 어떻게 진행하고 있는지 분석하여 특정 실험 절차나 개념을 이해하지 못할 경우 즉각 피드백을 제공한다.

결론적으로 VR 환경에서의 AI 기반 학습 분석은 학생들의 학습 성과를 높이고 개인화된 학습 경험을 가능하게 하며, 교사와 학습자가 학습 과정에 대해 더 잘 이해하고 개입할 수 있는 강력한 도구가 된다. 이와 같은 기술은 단순한 데이터 수집을 넘어, 학습자가 처한 상황과 환경을 이해하고 그에 맞는 실시간 지원을 제공함으로써 학습의 질적 향상을 돕는다.

개인화된 학습 콘텐츠 제공 방법

개인화된 학습 콘텐츠는 학습자가 자신의 필요와 능력에 맞는 학습 경험을 제공받을 수 있도록 설계된 맞춤형 학습 자료와 과제를 의미한다. 전통적인 학습 방식에서는 모든 학습자가 동일한 내용을 같은 방식으로 학습하는 경우가 많지만, 이러한 방식은 학습자의 개인적 특성을 충분히 고려하지 못하기 때문에 학습 효과가 낮아질 수 있다. 반면, 개인화된 학습은 학습자의 수준, 흥미, 학습 속도 등을 고려하여 최적화된 콘텐츠와 피드백을 제공함으로써 학습자가 더 능동적이고 효율적으로 지식을 습득할 수 있도록 돕는다.

맞춤형 과제와 학습 목표 설정

개인화된 학습 콘텐츠는 학습자의 현재 능력에 맞춰 목표를 설정하고, 학습자가 도전할 수 있는 과제를 단계적으로 제시한다. 예를 들어 학습자가 기본 개념을 이해하지 못할 경우, 복잡한 개념을 다루기 전에 먼저 기초 내용에 대한 추가 학습을 할 수 있도록 안내한다. 이를 통해 학습자는 과도한 인지적 부담을 느끼지 않고 점진적으로 학습을 진행할 수 있다.

학습 속도와 선호도에 맞춘 학습 환경

학습자가 어떤 방식으로 학습하는지에 대한 데이터가 누적됨에 따라 개인화된 학습 콘텐츠는 학습자의 선호도에 따라 조정될 수 있다. 예를 들어 학습자가 시각 자료에 더 잘 반응한다면 그래픽, 애니메이션, 비디오 등 시각적 요소를 포함한 콘텐츠가 제공될 수 있다. 반면, 텍스트 중심의 학습을 선호하는 학습자에게는 보다 글 중심의 자료가 제공된다.

실시간 피드백과 스캐폴딩 제공

개인화된 학습은 실시간 피드백을 통해 학습자가 잘못된 이해를 빠르게 수정할 수 있도록 돕는다. 학습자가 특정 과제를 완료하는 과정에서 겪는 어려움을 분석하여, 그에 맞는 힌트나 도움을 제공함으로써 학습자가 포기하지 않고 학습을 지속할 수 있도록 지원한다. 이를 통해 학습자는 스스로 문제를 해결할 수 있는 능력을 길러 가며, 점차 더 높은 수준의 문제를 해결할 준비가 된다.

AI를 활용한 VR 교육 콘텐츠 자동 생성

AI 기반 VR 교육 콘텐츠의 자동화는 교육의 새로운 장을 열고 있다(Moon et al., 2024). 최근 연구들은 이러한 자동화가 어떻게 VR 환경에서 학습 경험을 혁신적으로 바꿀 수 있는지 보여 준다. AI는 이제 단순히 학습자에게 정보를 전달하는 수단을 넘어서, 학습의 핵심적 부분을 실시간으로 설계하고 조정하는 역할을 담당한다. 그 결과 교육자들은 더 이상 모든 콘텐츠를 수작업으로 설계할 필요가 없고, AI는 학생들의 필요에 맞춘 학습 경험을 자동으로 생성할 수 있다. VR 환경에서 AI는 학습자의 탐구 여정을 실시간으로 조정하며 과학적 개념을 흥미롭고 몰입감 있게 전달한다(Song et al., 2024). AI는 학습 목표에 맞는 가상 환경을 동적으로 생성하여 학습자가 자신만의 학습 경로를 설정할 수 있게 한다. 또 NPC(Non-Player Character, 비플레이어 캐릭터)들은 학생들에게 학습 내용을 전달하기 위해 자동 생성된 대화를 사용하며, 학습자는 자연스럽게 가상의 캐릭터와 소통하며 새로운 정보를 습득한다.

더 나아가 AI는 실시간으로 퀘스트를 생성하여 학습자의 진도와 수준에 맞춘 과제를 제공한다. 이는 학생이 학습에 대한 부담을 덜 느끼면서도 더 깊이 탐구할 수 있게 만들어 준다. 마지막으로 AI는 학습자의 선택과 행동에 따라 스토리라인을 동적으로 조정하여, 학습자가 선택한 경로에 맞는 교육 경험을 제공하며 몰입도를 극대화한다(Sun et al., 2023). 이처럼 AI가 콘텐츠 생성의 모든 측면을 자동으로 관리하고 조정하는 것은 교육 콘텐츠 제작의 미래를 시사한다. 교육자들은 콘텐츠 생성에 드는 시간과 에너지를 절감할 수 있으며, 학생들은 그저 미리 만들어진 콘텐츠를 수동적으로 받아들이는 것이 아니라 자신의 학습 여정을 스스로 만들어 가는 능동적인 학습자가 될 수 있다. 이 과정에서 학생들은 단순히 교육 콘텐츠의 일방적인 수혜자가 아니라, 학습 경험의 크리에이터가 되어 자신만의 독특한 탐구와 성장을 이어 나가게 된다. AI와 VR의 결합은 학습이 더 이상 정적이지 않고 역동적 학습 경험이 되는 과정이다.

AI 기반 개인화와 콘텐츠 제작의 과제

AI 기반 VR 학습 시스템은 교육의 혁신을 이끌고 있지만, 그 과정에서 발생하는 윤리적 문제에 대한 심도 있는 논의가 필요하다(Cloarec, 2022). 에식스VR(EthicsVR)과 같은 시스템은 학생들에게 AI 윤리 관련 딜레마 상황을 제시하고 그들의 결정과 추론을 분석함으로써, 학습자에게 복잡한 윤리적 문제를 다루게 한다. 하지만 이러한 시스템은 동시에 몇 가지 중요한 윤리적 문제를 야기할 수 있다.

데이터 프라이버시 문제

AI 기반 학습 시스템은 학습자의 행동, 선택, 결정 데이터를 수집하고 분석하는데, 이는 데이터 프라이버시 문제를 일으킬 수 있다(Toth, 2024). 학생들이 윤리적 결정을 내리는 과정에서 생성된 데이터는 매우 민감한 정보일 수 있으며, 부적절하게 사용될 경우 학습자의 프라이버시를 침해할 위험이 크다. 따라서 이러한 데이터를 어떻게 수집하고 저장하며 사용하는지에 대한 명확한 가이드라인과 과정상의 투명성이 필요하다. 학생의 동의 없이 데이터가 활용되거나 학습자의 결정 데이터를 외부에서 사용하는 것은 매우 위험할 수 있다.

알고리즘 편향

AI는 학습자에게 다양한 윤리적 시나리오를 생성하고 이를 평가하지만, 이 과정에서 알고리즘 편향이 발생할 수 있다(Yang et al., 2021). AI 시스템이 특정 윤리적 관점을 과도하게 반영하는 경우 학생들에게 불공정한 학습 경험을 제공할 수 있다. 예를 들어 특정 문화나 윤리적 기준을 기반으로 한 평가 시스템은 다양한 관점을 반영하지 못할 수 있으며, 이는 학생들의 독립적인 사고를 저해할 수 있다. AI는 윤리적 문제를 다루는 데 매우 중립적이어야 하며 다양한 관점을 공정하게 다룰 수 있도록 설계되어야 한다.

자율성 침해

또 AI가 학생들에게 제공하는 개인화된 피드백이 때로는 학습자의 자율성을 침해할 수 있다. AI는 학생의 학습 패턴을 분석하여 맞춤형 피드백을 제공하지만, 이는 학생이 스스로 윤리적 판단을 내릴 기회를 빼앗을 위험이 있다(Bulger, 2016). 윤리적 문제는 본질적으로 복잡하고 정답이 없는 경우가 많기 때문에 학습자가 자신의 가치관과 원칙에 따라 결정을 내리는 과정이 매우 중요하다. AI가 여기에 과도하게 개입해 학생의 사고를 유도하면 독립적인 윤리적 판단 능력을 방해할 수 있다.

참고문헌

Bulger, M. (2016). Personalized learning: The conversations we're not having. *Data and Society*, 22(1), pp.1-29.

Chamola, V., et al.(2024). Beyond reality: The pivotal role of generative AI in the metaverse. *IEEE Internet of Things Magazine*, 7(4), pp.126-135.

Cloarec, J.(2022). Privacy controls as an information source to reduce data poisoning in artificial intelligence-powered personalization. *Journal of Business Research*, 152, pp.144-153.

Holstein, K., et al.(2019). Co-designing a real-time classroom orchestration tool to support teacher-AI complementarity. *Journal of Learning Analytics*, 6(2), pp.27-52.

Makransky, G., & Petersen, G. B.(2021). The cognitive affective model of immersive learning (CAMIL): A theoretical research-based model of learning in immersive virtual reality. *Educational Psychology Review*, 33, pp.1-22.

Moon, J., et al.(2024). Generative Artificial Intelligence in Educational Game Design: Nuanced Challenges, Design Implications, and Future Research. *Technology, Knowledge and Learning*, pp.1-13.

Song, Y., et al.(2024). Developing an immersive game-based learning platform with generative artificial intelligence and virtual reality technologies - "LearningverseVR". *Computers & Education: X Reality*, 4, p.100069.

Sun, Y., et al.(2023.10). Language as reality: a co-creative storytelling game experience in 1001 nights using generative AI. In *Proceedings of the AAAI Conference on Artificial Intelligence and Interactive Digital Entertainment*(Vol. 19, No. 1, pp. 425-434).

Toth, A.(2024.6). Toward privacy-focused personalization: Designing a learning experience to facilitate privacy-personalization trade-off. In A*djunct Proceedings of the 32nd ACM Conference on User Modeling, Adaptation and Personalization*(pp. 61-65).

Yang, S. J., et al.(2021). Human-centered artificial intelligence in education: Seeing the invisible through the visible. *Computers and Education: Artificial Intelligence*, 2, p.100008.

07
3D 시뮬레이션 기반 학습과 교육용 게임 설계

VR은 3D 시뮬레이션을 통해 학습자가 현실 세계와 유사한 경험을 할 수 있게 해 준다. 특히 공학, 의학, 과학 등 복잡한 이론적 개념을 이해하고 실습하는 데 VR은 중요한 도구로 활용된다. 3D 시뮬레이션은 학습자가 현실에서 경험하기 어려운 복잡한 개념이나 절차를 가상 환경에서 체험할 수 있게 해 주는 기술로, 여러 분야에서 매우 중요한 학습 도구로 사용된다. 이번 장은 VR의 시뮬레이션 학습이 어떻게 AI를 통해 발전하는지를 살펴본다.

3D 시뮬레이션 기반 학습의 효과

첫째, 3D 시뮬레이션은 학습자가 현실과 유사한 환경을 경험할 수 있게 한다. 이는 학습자가 단순히 정보를 수동적으로 받아들이게 하는 데서 그치지 않고 가상의 공간에서 능동적으로 학습할 기회를 제공한다(Safiena & Goh, 2022). 예를 들어 수술실 시뮬레이션에서는 실제와 유사한 상황에서 환자를 돌보는 과정을 시뮬레이션할 수 있어 학습자는 실제 환경에서 겪을 수 있는 문제들을 미리 연습할 수 있다. 이처럼 몰입감 있는 학습 환경은 학습자의 이해도를 높이고 학습자가 복잡한 절차를 익히는 데 도움이 된다.

둘째, 3D 시뮬레이션은 실수로부터의 학습을 가능하게 한다(Chernikova et al., 2020). 실제 상황에서는 실수로 인해 위험이 따르거나 비용이 발생할 수 있지만 가상 환경에서는 이러한 걱정 없이 학습자가 실수를 통해 학습할 수 있다(Chakraborty et al., 2023). 예를 들어 의사나 엔지니어가 복잡한 기술을 처음부터 실습하기 어려운 경우, 3D 시뮬레이션에서 여러 차례 실수해도 안전한 방식으로 학습을 반복할 수 있다.

셋째, 3D 시뮬레이션은 학습자가 반복적으로 연습할 기회를 제공한다. 예를 들어 비행 시뮬레이터를 사용하면 조종사는 위험 없이 반복적으로 비행 훈련을 할 수 있으며, 항공기 조작에 대한 자신감을 쌓고 복잡한 상황에 대처할 능력을 키울 수 있다. 이러한 반복 학습은 실제 상황에서의 숙련도와 자신감을 향상하는 데 큰 도움이 된다.

넷째, 시뮬레이션 기반 학습은 장비나 물리적 자원에 대한 의존도를 줄인다. 예를 들어 화학 실험을 위해 고가의 실험 장비나 위험한 화학 물질을 사용할 필요 없이, 가상 실험실에서 동일한 실험을 수행할 수 있다. 이는 비용 절감과 안전성 확보에 큰 이점을 제공한다.

학습 효과 측면에서 VR의 주요 기능

몰입감 증대

VR은 몰입감을 극대화하여 학습자들이 학습 내용에 깊이 빠져들게 한다. 특히 학습자가 가상의 공간 안에서 직접 상호작용하며 현실에서처럼 물리적 환경을 경험할 수 있게 만들어 준다. 예를 들어 의료 훈련에서 VR은 학습자가 수술 도구를 직접 다루거나 환자의 신체를 탐색하는 것과 같은 실제 경험을 제공한다. 이러한 방식은 학습자가 복잡한 의료 절차를 연습하면서 실수할 수 있는 안전한 공간을 만들어 준다.

다양한 감각 자극

다감각적 학습은 VR의 중요한 특징 중 하나다. VR은 시각적 경험에 청각적 또는 촉각적 자극을 결합하여 더 실감 나는 학습 경험을 제공한다. 이러한 다감각적 자극은 학습자가 정보를 더 깊이 이해하고, 이를 실제로 응용할 수 있는 능력을 키우도록 도와준다. 예를 들어 학습자가 가상 환경에서 소리와 촉감을 느끼며 실험을 진행하는 경험은 단순한 이론 학습보다 훨씬 효과적이다.

상호작용성

VR 시뮬레이션은 학습자가 가상 객체와 상호작용할 기회를 제공한다. 학습자는 단순히 정보를 받아들이는 것이 아니라, 실제로 학습 활동에 참여하고 이를 통해 지식을 직접 체험하는 경험을 한다. 예를 들어 공학 시뮬레이션에서는 학습자가 기계 장비를 조작하거나 구조물을 설계하는 등 직접적인 활동을 통해 이론을 실습할 수 있다. 이를 통해 학습자는 자신의 지식을 더욱 확고히 다질 수 있다.

실시간 피드백 제공

AI와 결합된 VR 시스템은 학습자에게 실시간 피드백을 제공할 수 있다. 학습자는 자신이 실수한 부분을 즉시 파악하고 피드백을 바탕으로 학습 내용을 바로 수정할 수 있다(Geisen & Klatt, 2022). 이는 학습자의 문제 해결 능력을 향상하고 학습자가 더 빠르게 학습 목표에 도달할 수 있도록 돕는다. 예를 들어 VR을 통해 복잡한 외과 수술을 연습하는 동안, 학습자는 실수에 대한 즉각적인 피드백을 받아 더 나은 절차를 습득할 수 있다(Alaker & Wynn, 2016).

위험 없는 실험 환경 제공

VR은 학습자에게 위험 요소가 없는 실험 환경(virtual lab)을 제공한다. 이는 현실에서 발생할 수 있는 안전 위험이나 비용 문제 없이, 다양한 실험이나 절차를 안전하게 연습할 수 있게 한다. 예를 들어 화학 실험이나 외과 수술 같은 고위험 분야에서 VR은 학습자가 실수를 두려워하지 않고 반복적으로 실습할 수 있는 환경을 제공한다. 이러한 방식은 특히 고위험 상황에서 실제 경험을 대체할 수 있는 매우 유용한 도구로 작용한다(Edwards et al., 2019).

교육용 게임 설계

교육용 게임 설계는 학습자들이 게임을 통해 배우는 과정을 설계하는 방식으로, 학습자가 도전과 보상을 경험하면서 학습을 진행하도록 돕는다. 이 방식은 학습자가 몰입하게 하고 학습자에게 스스로 학습에 참여하는 능동적인 경험을 제공한다. 쉽게 말해 게임 안에서 학습자는 문제를 해결하거나 목표를 달성하고 그 결과로 보상을 받는다. 이 보상 시스템은 학습자의 동기를 높이고 학습을 지속하게 만드는 중요한 요소다.

경험학습 모델은 학습자가 직접 경험을 통해 지식을 습득하는 과정을 의미한다. 이 모델은 단순히 정보를 외우는 것이 아니라, 학습자가 실제로 체험하고 실습하며 배우는 데 중점을 둔다. 예를 들어 게임 속에서 문제를 해결하거나 도전을 받아들이면서 학습자는 자신의 실수를 통해 더 나은 전략을 찾고, 반복적인 실험을 통해 학습 내용을 내재화하게 된다. 킬리(Kiili, 2005)의 연구에 따르면, 게임 기반 학습에서 학습자는 게임 내에서 자신의 선택이 어떤 결과를 가져오는지 체험하고, 그 결과에 따라 다른 전략을 실험한다. 학습자는 이를 통해 점진적으로 더 높은 수준의 도전 과제를 해결할 수 있는 능력을 기르게 된다. 이는 특히 게임 속에서 주어진 과제를 해결하고 보상을 받으면서 동기를 유지하는 중요한 기제가 된다.

게임에서의 내러티브 기반 학습은 게임 안에서 스토리텔링을 통해 학습자가 내용을 이해하도록 돕는 방식이다. 이 방법은 특히 재난 예방 교육과 같은 복잡한 시나리오를 다룰 때 효과적이다. 예를 들어 차이 등의 연구(Tsai et al., 2020)에서는 학습자가 스토리 속에서 다양한 상황을 직접 탐험하면서 관련 정보의 이해도를 높이고, 내러티브(이야기 구조)를 통해 복잡한 문제를 자연스럽게 학습한다고 보고했다. 학습자는 이야기의 주인공이 되어 상황을 직접 경험하면서 학습 내용을 더 잘 이해할 수 있게 된다.

특히 생성형 AI(Generative AI)는 게임 설계에서 다양한 시나리오와 도전 과제를 자동으로 생성하여 학습자에게 즉각적인 맞춤형 학습 경험을 제공한다. 생성형 AI는 학습자의 성취도와 행동 패턴을 실시간으로 분석하여 학습자의 수준에 맞는 도전 과제와 시나리오를 만들어 준다. 교육용 게임 설계에서 경험학습 모델과 내러티브 기반 학습이 결합되면, 학습자는 스스로 선택하고 실험하며 학습할 수 있는 환경을 제공받는다. 생성형 AI의 발전은 이러한 게임을 더욱 효율적이고 맞춤형으로 설계할 수 있게 해 준다. 학습자는 게임 속에서 실수를 두려워하지 않고 반복적인 실험을 통해 배움을 얻을 수 있으며, AI 기반 시스템은 학습자의 성취도와 행동을 실시간으로 분석하여 적절한 피드백과 새로운 시나리오를 제공함으로써 학습 효과를 극대화할 수 있다. 이처럼 게임 기반 학습과 생성형 AI의 결합은 미래 교육에서 매우 중요한 역할을 할 것이며, 학습자가 능동적으로 학습에 참여하고 그 과정을 통해 실제 문제 해결 능력을 기르는 데 큰 기여를 할 것이다.

VR과 시뮬레이션 환경에서의 AI 기반 적응형 학습과 지능형 튜터링 시스템

적응형 학습 시스템은 AI를 통해 학습자의 성향, 학습 속도, 현재 이해도를 실시간으로 분석하여 학습 경로를 조정하는 기술이다. VR과 시뮬레이션 환경에서는 이러한 시스템이 특히 더 강력한 역할을 수행한다. VR과 시뮬레이션에서는 학습자가 몰입된 가상 환경에서 직접적인 상호작용을 통해 학습하는 경험을 하기 때문에, 적응형 학습 시스템은 학습자의 행동을 실시간으로 분석하고 학습 경로를 조정하는 데 큰 도움을 준다.

예를 들어 학습자가 의학 훈련 시뮬레이션에서 특정

절차를 제대로 이해하지 못하거나 반복적으로 실수할 때, AI 시스템은 이를 감지하고 그 절차를 설명하는 추가 자료나 더 쉬운 예시를 실시간으로 제공할 수 있다. 학습자는 몰입된 가상 환경에서 실수를 인식하고 실시간 피드백을 받아 바로 수정하며 다시 학습을 이어 갈 수 있다. 이렇게 AI는 학습자의 실시간 데이터를 분석하고 맞춤형 학습 경험을 제공하여 학습자가 효율적으로 학습할 수 있도록 돕는다.

지능형 튜터링 시스템(ITS)은 이러한 적응형 학습 시스템의 핵심 요소다. 특히 VR 시뮬레이션에서 학습자에게는 직접적인 피드백이 매우 중요하다. 예를 들어 비행기 조종 훈련 시뮬레이션에서는 조종사가 실수를 했을 때, ITS가 즉시 그 실수를 감지하고 피드백을 제공한다. ITS는 학습자가 왜 실수를 했는지 분석한 후 그 오류를 수정할 수 있도록 실시간으로 지도해 준다. 이는 마치 학습자가 개인 교사를 두고 학습하는 것과 비슷한 경험을 제공하며, 학습자가 더 높은 수준의 기술을 습득할 수 있도록 돕는다.

이 시스템은 학습자가 실시간으로 몰입하는 동안 그들이 학습하는 속도와 성과를 기반으로 적응형 경로를 제시한다. 예를 들어 의학 VR 시뮬레이션에서 학습자가 특정 절차를 여러 번 실패하면 ITS는 그 절차의 기본 개념을 다시 설명하거나 보다 직관적인 연습 기회를 추가로 제공할 수 있다.

VR과 시뮬레이션에서의 개인화된 피드백 제공

개인화된 피드백은 VR 및 시뮬레이션 환경에서 학습자가 실수를 인식하고, 그 실수를 통해 더 나은 학습을 할 수 있도록 도와준다. AI는 학습자의 행동 데이터를 분석하여 실수를 실시간으로 파악하고, 그에 맞는 피드백을 제시한다. 예를 들어 가상 수술 시뮬레이션에서 학습자가 수술 도구를 잘못 사용하는 경우, AI는 학습자가 도구를 잘못 사용한 이유와 올바른 사용법을 즉시 피드백으로 알려 주어 학습자가 실수를 바로잡을 수 있도록 돕는다.

이러한 형성적 피드백은 학습자가 자신의 학습 경로를 조정하는 데 중요한 역할을 한다. VR 시뮬레이션에서는 학습자가 실시간으로 피드백을 받으므로, 반복적인 실습을 통해 점점 더 높은 수준의 성과를 달성할 수 있다. 예를 들어 복잡한 화학 실험 시뮬레이션에서 학습자가 실험 절차 중 특정 단계를 잘못 수행했을 때, AI는 학습자의 오류를 감지하고 그 단계를 정확하게 수행하는 방법을 알려 준다. 이를 통해 학습자는 실수를 바로잡고 실험을 성공적으로 수행할 수 있게 된다.

AI 기반 지능형 튜터링 시스템은 이 과정을 더욱 효과적으로 만들어 준다. ITS는 학습자의 패턴과 성과를 지속적으로 분석하여 학습자가 필요로 하는 맞춤형 피드백을 실시간으로 제공하며, 학습자가 스스로 학습 목표에 도달할 수 있도록 지원한다. 예를 들어 비행 시뮬레이션에서 학습자가 특정 기동을 제대로 이해하지 못할 경우 ITS는 그 기동의 올바른 방법을 제시하고 반복적인 훈련을 통해 학습자가 숙달할 수 있도록 돕는다.

결론

VR과 시뮬레이션 환경에서의 AI 기반 적응형 학습과 지능형 튜터링 시스템은 학습자에게 몰입감 있는 학습 경험을 제공하고, 실시간 피드백과 맞춤형 학습 경로를 통해 학습자의 성장을 돕는다. 학습자는 실수를 통해 배우고 그 실수를 즉시 수정할 기회를 가지며, 점점 더 복잡한 문제를 해결할 수 있는 능력을 키워 나가게 된다. 이는 특히 의학, 공학, 비행 등의 전문 분야에서 실험과 반복적인 훈련이 필요한 학습 과정에 큰 도움을 준다.

참고문헌

Alaker, M., & Wynn, G. R.(2016). Virtual reality training in surgery. *The International Journal of Surgery*, 30, pp.10–12.

Chakraborty, I., et al.(2023). Impact of immersive simulation–based learning on engineering education. *Journal of Engineering Education*, 112(3), pp.509–530.

Chernikova, O., et al.(2020). Simulation–based learning in higher education: A meta–analysis. *Review of Educational Research*, 90(4), pp.499–541.

Edwards, T., et al.(2019). Risk–free experimentation: Advancing VR as a learning tool in high–risk environments. *Journal of Educational Technology Research*, 48(1), pp.25–40.

Geisen, T., & Klatt, J.(2022). The role of AI in adaptive educational simulations. *Computers and Education*, 189, p.104574.

Kiili, K.(2005). Digital game–based learning: Towards an experiential gaming model. *The Internet and Higher Education*, 8(1), pp.13–24.

Safiena, N., & Goh, H.(2022). 3D simulation–based learning in medical education: A systematic review. *Medical Teacher*, 44(4), pp.321–330.

Tsai, H., et al.(2020). Narrative–based learning in digital educational games: Impact on learning outcomes and motivation. *Educational Technology Research and Development*, 68(4), pp.1–17.

08
자연스러운 상호작용과 다감각 통합

VR과 AI가 결합된 상호작용 기술은 가상현실에서 사용자가 보다 직관적이고 자연스러운 방식으로 가상 환경과 상호작용할 수 있도록 돕는다. 이러한 상호작용은 음성 인식, 제스처 인식, 시선 추적과 같은 기술을 통해 이루어지며, 이 모든 것에 AI가 중요한 역할을 하고 있다.

음성 인식과 제스처 인식

음성 인식은 컴퓨터가 사람의 말을 이해하고 처리하는 기술이다. 말하자면, 당신이 가상현실에서 무언가를 보고 "이것 좀 확대해 줘"라고 말하면 AI가 이 명령을 이해하고 해당 작업을 수행하는 방식이다. 이는 단순히 사람의 목소리를 인식하는 것에서 그치지 않고, AI가 사용자의 의도를 파악하고 그에 맞는 실시간 피드백을 제공하는 데 큰 역할을 한다. 예를 들어 수업 중 "다음으로 넘어가 줘"라고 명령하면 AI는 해당 페이지를 넘기는 동시에 사용자의 학습 패턴을 분석하여 추가 자료를 제공할 수 있다. 확장현실(XR) 환경, 즉 가상현실(VR), 증강현실(AR), 혼합현실(MR)을 포함한 모든 몰입형 기술 환경에서 이 기술은 매우 중요한 역할을 한다. 제스처 인식은 사용자가 손이나 몸을 움직이는 것으로 가상 세계와 상호작용할 수 있게 한다. 예를 들어 가상현실에서 손을 위로 들어 올리면 태양계 모델이 확대되고, 손을 모으면 축소되는 식이다. 이 기술 덕분에 학습자는 실제 물리적 객체를 다루듯 가상 객체와 상호작용할 수 있다. 이는 가상 환경에서 직관적이고 현실감 있는 경험을 제공하며, 특히 과학 실습이나 복잡한 기계 조작처럼 시각적이고 조작적인 학습에서 매우 유용하다. 최근의 예로서, 메타의 오리온 안경을 이야기해 볼 수 있다. 오리온 안경은 차세대 스마트 안경으로, 특히 음성 인식과 제스처 인식 기술을 탑재하여 사용자의 편의성을 크게 향상한다. 음성 인식 기능은 사용자가 손을 자유롭게 사용할 수 없을 때에도 음성 명령을 통해 기기를 제어할 수 있도록 지원한다. 이를 통해 사용자는 텍스트 메시지 작성, 전화 걸기, 음악 재생 등 다양한 작업을 손쉽게 수행할 수 있다. 메타의 음성 인식 기술은 자연어 처리와 머신러닝을 기반으로, 다양한 사용자 음성 패턴을 학습하여 더 정확하고 빠르게 명령을 인식한다. 제스처 인식 기술은 사용자의 손동작을 실시간으로 감지하여 안경과의 상호작용을 가능하게 한다. 예를 들어 특정 손동작으로 화면을 스크롤하거나 두 손가락을 움직여 확대·축소하는 등의 작업이 가능하다. 이 기술은 특히 AR(증강현실) 기능과 결합해 사용자가 물리적 터치 없이도 가상 오브젝트와 자연스럽게 상호작용할 수 있는 환경을 제공한다. 이러한 음성 인식과 제스처 인식의 조합은 스마트 안경 사용자들에게 더 직관적이고 몰입도 높은 경험을 제공하며, 메타의 오리온 안경은 다양한 일상생활과 업무 환경에서 혁신적인 도구로 대두되고 있다.

AI의 역할: 상호작용을 더욱 자연스럽게

AI는 이 모든 상호작용에서 핵심 역할을 한다. 음성 인식과 제스처 인식이 정확하고 자연스럽게 작동하려면, AI가 사용자의 말과 행동을 실시간으로 분석하고 그에 맞는 적절한 반응을 제공해야 한다. 예를 들어 AI는 사용자가 제스처로 화면을 확대하는 동안 학습자가 무엇을 이해하고 있는지 파악하여 개인화된 학습 자료나 힌트를 제공할 수 있다. AI 기반 상호작용 시스템은 학습자에게 더 적극적인 역할을 부여한다. 즉 학습자는 수동적으로 정보를 받는 것이 아니라 가상 환경 속에서 스스로 탐색하고 실험하는 능동적 학습자가 된다. 이러한 상호작용 방식은 학습자가 몰입감을 느끼게 하고 학습 내용이 더 효과적으로 전달되도록 돕는다.

음성 인식의 사례: 쉽게 이해하는 방법

확장현실(XR) 환경, 즉 가상현실(VR), 증강현실(AR), 혼합현실(MR)에서 음성 인식을 활용한 사례를 들여다보자. 학생이 가상 교실에 앉아 있다고 가정해 본다. 학생은 "다음 슬라이드로 넘어가"라고 말할 수 있고 AI는 이 명령을 이해한 뒤 바로 슬라이드를 전환한다. 동시에 AI는 학생이 어려워하는 부분을 감지하고 그에 맞는 추가 설명이나 더 쉬운 문제를 제공할 수 있다. 이렇게 AI는 학습자의 필요에 맞춰 학습 경로를 실시간으로 조정하게 된다.

제스처 인식의 사례: 학습을 더 직관적으로

제스처 인식 기술은 손의 움직임이나 몸의 동작을 통해 학습자가 가상 환경 속에서 다양한 물체와 상호작용하게 한다. 예를 들어 가상 실험실에서 학습자가 손을 사용하여 화학 물질을 혼합하거나 과학 장비를 조작할 수 있다. 학습자는 마치 현실에서 실험을 하는 것처럼 직접적인 상호작용을 통해 추상적인 개념을 시각적으로 이해하고, 이를 통해 더 깊이 있는 학습을 할 수 있다. 음성 인식과 제스처 인식이 결합하면 학습자는 더욱 몰입감 있는 다중 감각적 경험을 하게 된다. 예를 들어 사용자는 말로 "태양계를 보여 줘"라고 명령한 뒤 손을 이용해 행성들의 위치를 직접 조정할 수 있다. 이러한 직관적인 상호작용은 학습자에게 정보를 단순히 전달하는 것 이상으로 그들이 스스로 탐구하고 실험할 수 있게 도와준다. 학습자는 수동적 수용자가 아니라 능동적 참여자가 되는 것이다. 라두(Radu, 2014)의 연구는 특히 자연스러운 상호작용이 학습자가 AR과 VR 기술에 더 몰입하게 만들며 이를 통해 학습 성과가 개선된다고 보고했다. 이러한 상호작용은 복잡한 개념을 쉽게 이해하고 실험할 수 있도록 도와준다. 예를 들어 학생이 손을 펼치면 태양계가 확대되고, 음성 명령으로 행성에 대한 추가 설명을 요구할 수 있다.

자연스러운 상호작용과 학습 몰입

다음의 두 연구 모두 자연스러운 상호작용 방식이 학습 몰입도와 참여도를 높인다는 점을 강조한다. 달림 등(Dalim et al., 2017)은 음성 인식과 제스처 인식 기술이 학습자에게 가상 환경을 더 현실적으로 느끼게 하여 기술을 받아들이기 쉽게 만든다고 설명했다. 라두(Radu, 2014) 역시 이러한 자연스러운 상호작용은 학습자가 가상 환경에서 능동적으로 참여하게 만들고 추상적인 개념을 구체화하며 이해하는 데 매우 효과적이라고 밝혔다. 이러한 기술은 특히 복잡한 개념을 직접적으로 탐구하고 다룰 수 있도록 돕는다. 음성 인식과 제스처 인식 기술을 결합한 XR 교육 환경은 학습자에게 더욱 몰입감 있고 상호작용적인 학습 경험을 제공한다. 이는 단순히 기술적인 진보를 넘어 교육 방식의 근본적인 변화를 가져오고 있다. 학습자는 더 이상 수동적인 정보 수용자가 아니라 가상 환경과 적극적으로 상호작용하는 능동적인 참여자가 된다. 이러한 기술의 발전은 개인화 학습, 협력 학습, 원격 교육 등 다양한 교육 형태에 새로운 가능성을 열어 주고 있다. 앞으로 AI, 음성 인식, 제스처 인식 기술의 더 높은 정확도와 자연스러움이 실현된다면 가상현실 기반 교육은 더욱 혁신적인 변화를 맞이할 것으로 예상된다.

시선 추적과 사용자 맞춤형 경험

시선 추적 기술과 인공지능의 결합은 교육 분야에 혁명적인 변화를 가져오고 있다. 이 기술들은 각 학습자에게 맞춤형 학습 경험을 제공하여 교육의 효과를 크게 높일 수 있는 잠재력을 가지고 있다. 시선 추적 기술은 학습자의 눈동자 움직임을 정확하게 추적하여 그들이 어디를 보고 있는지, 얼마나 오래 보는지를 측정한다. 이 기술의 핵심 원리는 '시각-마음 가설(eye-mind hypothesis)'이라는 이론에 기반을 두고 있다. 저스트와 카펜터(Just & Carpenter, 1980)가 제안한 이 이론에 따르면, 사람의 시선이 고정된 곳에 그 사람의 주의와 인지적 처리가 집중되어 있다. 즉, 우리가 무엇을 보고 있는지를 알면 우리가 무엇을 생각하고 있는지도 알 수 있다.

이 이론을 교육에 적용하면 학습자가 어떤 내용에 주목하고 있는지, 어떤 부분을 이해하는 데 어려움을 겪고 있는지를 실시간으로 파악할 수 있다. 예를 들어 학생이 특정 수학 문제의 한 부분을 오랫동안 응시한다면 그 부분을 이해하는 데 어려움을 겪고 있을 가능성이 높다. AI는 이러한 시선 추적 데이터를 분석하여 더욱 정교한 학습자 이해와 지원을 가능하게 한다. AI와 결합된 시선 추적 기술은 다음과 같은 방식으로 개인화된 학습 경험을 제공할 수 있다.

- 실시간 이해도 평가: AI는 학습자의 시선 패턴을 분석하여 특정 내용에 대한 이해도를 평가할 수 있다. 만약 학습자가 한 부분을 반복해서 읽거나 오래 응시한다면 AI는 이를 어려움의 신호로 해석하고 추가 설명이나 예시를 제공할 수 있다.
- 관심사 파악: AI는 학습자가 자주 주목하는 영역을 분석하여 관심 주제를 파악하고, 관련된 심화 학습 자료를 추천할 수 있다. 예를 들어 과학 수업에서 한 학생이 특정 실험 장비에 많은 관심을 보인다면 AI는 그 장비에 대한 추가 정보나 관련 실험을 제안할 수 있다.
- 학습 경로 최적화: 시선 패턴을 분석하여 AI는 각

학습자의 정보 처리 방식을 이해하고, 이에 맞는 최적의 학습 순서와 방법을 제안할 수 있다. 어떤 학생은 시각 정보를 더 잘 처리할 수 있고, 다른 학생은 텍스트 정보를 선호할 수 있다. AI는 이러한 개인차를 고려하여 학습 자료를 제시할 수 있다.

멜로 등(D'Mello et al., 2012)이 개발한 '게이즈 튜터(Gaze Tutor)'는 이러한 개념을 실제로 적용한 좋은 예다. 이 시스템은 학습자의 시선 패턴을 실시간으로 분석하여 주의력 저하나 이해도 부족을 감지하고, 이에 맞춘 개입을 제공했다. 예를 들어 학습자가 화면의 중요한 부분을 놓치고 있다면 시스템은 그 부분에 주의를 환기하는 신호를 보냈다. 하지만 이러한 기술의 사용에는 주의해야 할 점도 있다. 첫째, 시각-마음 가설이 항상 정확한 것은 아니다. 사람이 어떤 것을 보고 있다고 해서 반드시 그것을 생각하고 있는 것은 아닐 수 있다. 둘째, 개인의 시선 데이터를 수집하고 분석하는 것은 프라이버시 문제를 야기할 수 있다. 따라서 이러한 기술을 사용할 때는 윤리적 고려 사항과 데이터 보호에 특별한 주의를 기울여야 한다.

결론적으로, AI 기반 시선 추적 기술은 각 학습자의 고유한 학습 스타일과 속도에 맞춘 개인화된 교육을 가능하게 함으로써 교육의 패러다임을 바꾸고 있다. 이는 단순히 기술적 혁신을 넘어 모든 학습자가 자신의 잠재력을 최대한 발휘할 수 있도록 돕는 교육의 본질적 목표를 실현하는 데 기여할 수 있다. 앞으로 이 기술이 다양한 학습 환경에서 어떻게 적용되고 발전할지, 그리고 그 과정에서 발생할 수 있는 윤리적, 사회적 문제들을 어떻게 해결해 나갈지에 대한 지속적인 연구와 논의가 필요할 것이다.

다감각 통합 기술과 다중양식 학습 분석

최근 교육 기술의 발전은 우리가 학습을 이해하고 지원하는 방식을 크게 바꾸고 있다. 특히 다감각 통합 기술은 가상현실(VR)과 증강현실(AR) 환경에서 더욱 몰입감 있는 학습 경험을 제공하고 있다. 이는 단순히 기술적인 진보를 넘어 학습과 리터러시의 개념을 확장하는 중요한 역할을 하고 있다.

교육공학과 학습과학 분야에서 주목받고 있는 '다중양식 학습 분석(MMLA, Multimodal Learning Analytics)'은 이러한 변화의 중심에 있다. 블릭슈타인과 워슬리(Blikstein & Worsley, 2016)에 따르면, MMLA는 학습자의 다양한 감각적, 행동적 데이터를 통합적으로 분석하여 학습 과정을 이해하고 지원하는 접근 방식이다. 특히 몰입형 학습(immersive learning) 환경에서 MMLA의 중요성이 더욱 부각되고 있는데, 이는 이러한 환경이 다감각적 상호작용을 적극적으로 활용하기 때문이다.

MMLA의 구체적인 적용 사례를 살펴보면 그 잠재력을 더 잘 이해할 수 있다. 슈나이더와 블릭슈타인(Schneider & Blikstein, 2015)의 연구에서는 학생들이 실제 물체를 조작하는 인터페이스(tangible interface)를 사용하여 물리 개념을 학습하는 과정을 MMLA를 통해 분석했다. 연구자들은 학생들의 손동작, 시선, 음성 데이터를 동시에 수집하고 분석하여 문제 해결 전략과 개념 이해도를 평가했다. 이 연구는 다감각 데이터가 학습자의 인지 과정을 이해하는 데 중요한 역할을 한다는 것을 보여 준다. 다른 예로, 디미트리 등(Di Mitri et al., 2019)은 심폐소생술(CPR) 훈련에 MMLA를 적용했다. 연구자들은 학습자의 움직임, 압력, 시선 등의 데이터를 수집하고 분석하여 CPR 수행의 질을 평가하고 실시간으로 피드백을 제공했다. 이는 전통적인 평가 방식으로는 포착하기 어려운 미세한 기술적 요소들을 평가할 수 있게 해 주었다. 예를 들어 가슴 압박의 깊이와 속도, 손의 위치 등을 정확하게 측정하고 즉각적인 피드백을 줄 수 있었다.

이러한 기술의 발전은 '멀티모달 리터러시(Multimodal Literacy)'라는 새로운 개념의 중요성을 부각한다. 주잇 등(Jewitt et al., 2016)에 따르면, 멀티모달 리터러시는 텍스트, 이미지, 소리, 제스처 등 다양한 모드를 통해 의미를 만들고 소통하는 능력을 의미한다. VR/AR 환경에서 이 개념은 더욱 중요해진다. 리츠 등(Litts, 2019)의 연구는 이러한 멀티모달 리터러시의 실제 적용을 보여 준다. 이 연구에서 학생들은 AR 기술을 사용하여 지역 역사에 대한 이야기를 만들고 공유했다. 학생들은 텍스트, 이미지, 음성 내레이션, 3D 모델 등을 결합하여 복합적인 의미를 전달했다. 이 과정에서 학생들은 다양한 모드를 통합하여 의미를 구성하고 소통하는 능력을 개발했다. 예를 들어 학생들은 역사적 건물의 3D 모델을 만들고 그 건물과 관련된 이야기를 음성으로 녹음하며 관련 사진과 텍스트 정보를 추가하는 등 다양한 방식으로 정보를 표현하고 전달했다.

이러한 다감각 학습 환경에서 인공지능의 역할도 중요하다. 오초아와 워슬리(Ochoa & Worsley, 2016)는 AI가 다감각 데이터를 실시간으로 분석하여 학습자의 상태를 파악하고, 이에 따라 학습 환경을 동적으로 조정할 수 있다고 제안한다. 예를 들어 VR 학습 중 학습자의 시선 패턴과 생체 신호를 분석하여 집중도가 떨어지는 것을 감지하면, AI는 학습 내용의 난도를 조정하거나 새로운 상호작용 요소를 도입하여 주의를 환기할 수 있다. 이러한 접근은 전통적인 텍스트 중심의 교육을 넘어 학습자의 모든 감각과 표현 방식을 고려한 총체적인 교육 패러다임으로의 전환을 의미한다. 예를 들어 역사 수업에서 학생들은 단순히 교과서를 읽는 대신 VR을 통해 과거의 사건을 '경험'할 수 있으며, 과학 수업에서는 복잡한 분자 구조를 3D로 조작하며 이해할 수 있다.

그러나 이러한 새로운 접근 방식은 동시에 새로운 도전 과제도 제시한다. 워슬리 등(Worsley et al., 2016)이 지적한 바와 같이, 다감각 데이터의 수집과 분석에서 윤리적 문제와 프라이버시 보호의 중요성이 강조된다. 예를 들어 학생들의 시선 데이터나 생체 신호를 수집할 때 개인정보 보호에 대한 고려가 필요하다. 또 다감각 데이터의 해석과 이를 바탕으로 한 교육적 의사 결정의 타당성 확보도 중요한 과제다. AI가 학습자의 상태를 잘못 해석하여 부적절한 학습 환경 조정을 할 가능성에 대한 우려도 있다.

앞으로의 연구에서는 이러한 다감각적, 멀티모달 접

근이 다양한 학습 상황과 학습자 그룹에 어떤 영향을 미치는지, 그리고 이를 어떻게 효과적으로 설계하고 구현할 수 있는지에 대한 탐구가 필요할 것이다. 예를 들어 다양한 연령대와 학습 능력을 가진 학습자들에게 이러한 기술이 어떤 영향을 미치는지, 그리고 특수 교육 환경에서는 어떻게 활용될 수 있는지 등에 대한 연구가 필요하다. 결론적으로 다감각 통합 기술과 MMLA는 교육의 미래를 형성하는 중요한 요소가 될 것이다. 이는 학습을 더욱 개인화하고 효과적으로 만들 뿐만 아니라 학습자들이 복잡한 현대 사회에서 필요한 새로운 형태의 리터러시를 개발하는 데 도움을 줄 것이다. 그러나 이러한 기술의 도입과 활용에 윤리적 고려 사항과 개인정보 보호, 교육적 효과성에 대한 지속적인 연구와 논의가 필요할 것이다.

참고문헌

Alaker, M., & Wynn, G. R.(2016). A systematic review of the educational effectiveness of simulation in endoscopic surgery. *International Journal of Surgery*, 29, pp.95–104.

Amineh, R. J., & Asl, H. D.(2015). Review of constructivism and social constructivism. *Journal of Social Sciences, Literature and Languages*, 1(1), pp.9–16.

Blikstein, P., & Worsley, M.(2016). Multimodal learning analytics and education data mining: Using computational technologies to measure complex learning tasks. *Journal of Learning Analytics,* 3(2), pp.220–238.

Borthick, A. F., et al.(2003). Designing learning experiences within learners' zones of proximal development (ZPDs): Enabling collaborative learning on-site and online. *Journal of Information Systems Education*, 14(2), p.151.

Chakraborty, A.,et al.(2023). Role of immersive VR-based learning environments in enhancing STEM education: A systematic review. *Computers & Education*, 191, p.104622.

Chernikova, O., et al.(2020). Simulation-based learning in higher education: A meta-analysis. *Review of Educational Research*, 90(4), pp.499–541.

Dalim, C. S., et al.(2017). Augmented reality and virtual reality in education: A review of applications and potential areas for future development. *Journal of Digital Information Management*, 15(1), pp.14–19.

Di Mitri, D., et al.(2019). Multimodal learning analytics in real-world learning environments: Opportunities and challenges. *Journal of Computer Assisted Learning*, 35(5), pp.689–715.

D'Mello, S. K., et al.(2012). Gaze tutor: A gaze-reactive intelligent tutoring system. *International Journal of Human-Computer Studies*, 70(5), pp.377–398.

Edwards, J., et al.(2019). The effect of simulator-based training on motor vehicle performance: A meta-analysis. *Safety Science*, 117, pp.95–105.

Geisen, S., & Klatt, S.(2022). Real-time feedback in virtual reality medical simulations: Effects on learning outcomes and skill transfer. *Journal of Educational Computing Research*, 60(1), pp.23–44.

Holstein, K., et al.(2019). The classroom as a dashboard: Co–designing wearable cognitive augmentation for K–12 teachers. *Journal of Learning Analytics*, 6(2), pp.61–77.

Jewitt, C., et al.(2016). Multimodal learning and the teacher: A multimodal approach to curriculum delivery. *The SAGE Handbook of Curriculum and Instruction*, pp.122–134.

Just, M. A., & Carpenter, P. A.(1980). A theory of reading: From eye fixations to comprehension. *Psychological Review*, 87(4), pp.329–354.

Kiili, K.(2005). Digital game–based learning: Towards an experiential gaming model. *The Internet and Higher Education*, 8(1), pp.13–24.

Litts, B. K., et al.(2019). Creating interactive learning experiences through augmented reality and virtual reality. *Learning, Media and Technology*, 44(4), pp.325–345.

Makransky, G., & Mayer, R. E.(2022). VR for medical training: A meta–analysis of learning outcomes. *Journal of Educational Psychology*, 114(4), pp.773–790.

Ochoa, X., & Worsley, M.(2016). Augmenting multimodal learning analytics with wearable devices. *Journal of Learning Analytics*, 3(3), pp.174–185.

Radu, I.(2014). Augmented reality in education: A meta–review and cross–media analysis. *Personal and Ubiquitous Computing*, 18(6), pp.1533–1543.

Safiena, L., & Goh, P. L.(2022). Immersive virtual reality simulations: Enhancing cognitive engagement and learning outcomes. *Journal of Educational Technology Systems*, 50(1), pp.121-142.

Schlairet, M. C., et al.(2015). The use of virtual simulation in nursing education: A systematic review. *Nurse Education Perspectives*, 36(5), pp.320-325.

Schneider, B., & Blikstein, P.(2015). Multimodal learning analytics: Artificial intelligence technologies for quantifying complex learning. *Journal of Artificial Intelligence in Education*, 25(3), pp.418-442.

Tsai, Y.-L., et al.(2020). Fostering scientific inquiry and conceptual understanding using narrative-based augmented reality. *Computers & Education*, 149, p.103811.

Worsley, M., et al.(2016). MMLA: Multimodal learning analytics. *Learning Analytics & Knowledge Conference Proceedings*, pp.22-30.

Yang, Z., et al.(2021). The role of AI in the evolution of education ethics: A study of algorithm bias in personalized learning systems. *AI & Society*, 36(4), pp.851-862.

09

AI 기반 VR의 사회적 책임

AI와 VR의 발전은 혁신적인 기술 진보와 함께 중요한 사회적 책임을 수반한다. 이 장에서는 윤리적 설계 원칙과 포용적 활용 방안을 중심으로, AI 기반 VR 기술이 직면한 주요 과제들과 이를 해결하기 위한 접근 방식을 논의한다.

포용적 설계의 필요성

AI와 VR 기술은 우리 사회를 더욱 편리하고 흥미롭게 만들고 있다. 하지만 이런 기술의 혜택을 모든 사람이 똑같이 누릴 수 있을까? 특히 발달장애나 사회적 장애가 있는 사람들은 어떨까? 이런 질문에 대한 답을 찾기 위해 많은 연구자들이 노력하고 있다. 라히리와 그의 동료들(Lahiri et al., 2015)은 VR 기술이 자폐스펙트럼장애(ASD)를 가진 아이들에게 도움이 될 수 있다는 흥미로운 연구 결과를 발표했다. 자폐스펙트럼장애는 사회적 상호작용과 의사소통에 어려움을 겪는 발달장애의 한 종류다. 이 연구에 따르면 VR 환경에서의 상호작용이 자폐성 장애 아동의 사회적 능력을 향상하는 데 도움이 될 수 있다고 한다. 어떻게 이러한 노력이 가능해졌을까? VR은 현실 세계보다 더 통제된 환경을 제공할 수 있기 때문이다. 예를 들어 ASD 아동이 낯선 사람과 대화하는 것을 연습하고 싶다면 VR에서는 같은 상황을 여러 번 반복해서 경험할 수 있다. 또 현실에서는 너무 자극적이거나 부담스러운 상황도 VR에서는 조금씩 익숙해질 수 있도록 조절할 수 있다.

하지만 이런 기술을 효과적으로 사용하려면 사용자의 특별한 요구 사항을 잘 이해하고 세심하게 설계해야 한다. 여기서 AI의 역할이 중요해진다. 자오와 그의 동료들(Zhao et al, 2018)은 AI를 활용해 VR 환경을 실시간으로 조정하는 시스템을 제안했다. 이 시스템은 사용자의 반응과 행동 패턴을 분석하여 각 개인에게 맞는 경험을 제공한다. 예를 들어 자폐성 장애 아동이 VR 환경에서 특정 상황에 어려움을 겪는다면 AI는 이를 감지하고 상황을 더 쉽게 만들거나 추가적인 도움을 제공할 수 있다. 또는 아동이 특정 활동에 흥미를 보인다면 AI는 그 활동을 더 자주 제공하거나 난도를 조금씩 높여 학습 효과를 극대화할 수 있다. 이렇게 AI와 VR의 결합은 다양한 능력을 가진 사용자들이 각자의 속도와 방식으로 기술을 활용할 수 있게 해 준다.

더 나아가, 하일만과 그의 연구진(Heilemann et al., 2021)은 VR 게임의 접근성을 개선하기 위한 종합적인 가이드라인을 제시했다. 이 연구는 장애가 있는 사용자들도 VR 게임을 쉽게 즐길 수 있도록 돕는 다양한 방법을 제안했다. 예를 들어 시각 장애가 있는 사용자를 위해서는 소리나 진동을 통해 정보를 전달하는 방법을 제안한다. 청각 장애가 있는 사용자를 위해서는 자막이나 시각적 신호를 더 효과적으로 사용하는 방법을 제시한다. 또 손 움직임이 불편한 사용자를 위해서는 다양한 입력 방식을 제공하는 것이 중요하다고 강조한다.

이러한 가이드라인은 단순히 장애인만을 위한 것이 아니다. 예를 들어 소음이 많은 환경에서 게임을 하는 사람들에게도 시각적 신호가 도움이 될 수 있고, 손을 자유롭게 사용할 수 없는 상황(예: 요리를 하면서)에서도 사람들이 음성 명령으로 게임을 즐길 수 있게 해 준다. 이처럼 포용적 설계는 모든 사용자에게 혜택을 줄 수 있다.

결론적으로 AI와 VR 기술의 포용적 설계는 단순히 기술적인 문제가 아니다. 이는 우리 사회가 얼마나 다양성을 인정하고 포용할 수 있는지에 대한 문제이기도 하다. 모든 사람이 새로운 기술의 혜택을 누릴 수 있도록 하는 것은 기술 발전의 궁극적인 목표이자 우리 사회의 책임이다. 이를 위해서는 기술 개발자, 교육자, 의료 전문가, 그리고 다양한 사용자 그룹이 함께 협력해야 한다. AI와 VR 기술은 계속해서 발전할 것이며, 이 과정에서 우리는 항상 '누구를 위한 기술인가?'라는 질문을 던져야 한다. 모든 사람을 포용하는 기술을 만들어 갈 때, 우리는 진정으로 혁신적이고 의미 있는 미래를 만들어 갈 수 있을 것이다.

윤리적 설계 원칙과 프라이버시 보호

AI와 VR 기술이 발전하면서 우리의 삶은 더욱 편리해지고 있다. 하지만 동시에 이런 기술들이 우리의 개인정보와 프라이버시를 위협할 수 있다는 우려도 커지고 있다. 특히 '딥페이크' 기술은 이런 우려의 중심에 있다. 딥페이크란 인공지능을 이용해 실제처럼 보이는 가짜 영상이나 음성을 만드는 기술이다. 이 기술은 재미있는 용도로 사용될 수도 있지만 악용될 경우 심각한 문제를 일으킬 수 있다. 예를 들어 누군가의 얼굴을 도용해 가짜 뉴스를 만들거나 다른 사람인 척하면서 범죄를 저지를 수 있다.

웨스터런드(Westerlund, 2019)라는 연구자는 VR 환경에서 딥페이크 기술이 어떤 문제를 일으킬 수 있는지 분석했다. 그는 딥페이크 기술이 개인의 정체성을 무단으로 사용하거나 조작할 수 있다고 경고한다. 예를 들어 VR 게임에서 다른 사람의 아바타를 몰래 복제해 사용하거나, 실제 사람의 모습과 목소리를 도용해 가상 공간에서 사기 범죄가 일어날 수 있다. 이런 문제를 해결하기 위해서는 기술적인 대책과 법적인 규제가 모두 필요하다. 기술적인 측면에서 AI가 중요한 역할을 할 수 있다. 게라와 델프(Güera & Delp, 2018)라는 연구자들은 딥페이크 영상을 찾아내는 AI 시스템을 만들었다. 이런 기술을 VR 환경에 적용하면, 가짜로 만들어진 콘텐츠를 실시간으로 걸러낼 수 있다. 이를 통해 사용자들은 자신의 모습이나 목소리가 무단으로 사용되는 것을 막을 수 있다. 하지만 기술만으로는 모든 문제를 해결할 수 없다. 법적인 규제도 필요하다. 예를 들어 딥페이크 기술을 악용해 다른 사람의 명예를 훼손하거나 금전적 피해를 입힌 경우 어떻게 처벌할 것인지, VR 환경에서 수집된 개인정보를 어떻게 보호할 것인지 등에 대한 법률이 필요하다.

또 다른 중요한 문제는 VR이나 메타버스 같은 가상 세계에서 만든 '디지털 정체성'의 소유권이다. 우리가 가상 세계에서 만든 아바타나 디지털 복제본(클론)은 누구의 것일까? 이 문제에 대해 IEEE(국제전기전자기술자협회)는 심도 있는 논의를 진행하고 있다. 예를 들어 여러분이 VR 게임에서 멋진 아바타를 만들었다고 생각해 보자. 이 아바타의 진짜 주인은 누구일까? 여러분일까, 아니면 게임 회사일까? 만약 게임 회사가 여러분의 허락 없이 이 아바타를 다른 곳에 사용한다면 어떨까? 이런 질문들이 바로 디지털 정체성의 소유권 문제다. 이 문제는 단순히 '누구의 것인가'를 넘어서 더 복잡한 의미를 내포한다. 디지털 정체성은 우리의 온라인 활동, 사회적 관계, 심지어 경제 활동과도 연결될 수 있기 때문이다. 예를 들어 유명한 유튜버의 디지털 아바타는 그 자체로 상업적 가치를 가질 수 있다. 따라서 이런 디지털 정체성을 어떻게 보호하고 관리할지에 대한 규칙이 필요하다. 개인의 권리를 보호하면서도, 기술 발전과 창의적인 활용을 방해하지 않는 균형 잡힌 접근이 필요하다.

결론적으로 AI와 VR 기술의 윤리적 설계는 매우 중요하다. 이는 단순히 기술적인 문제가 아니라 우리 사회의 가치관과 법체계에 대한 근본적인 질문을 던진다. 우리는 새로운 기술이 주는 혜택을 누리면서도, 동시에 개인의 권리와 프라이버시를 보호할 수 있는 방법을 찾아야 한다. 이를 위해서는 기술 개발자, 법률 전문가, 윤리학자, 그리고 일반 시민들의 지속적인 대화와 협력이 필요할 것이다. 이러한 노력을 통해 우리는 더 안전하고 신뢰할 수 있는 디지털 세상을 만들어 갈 수 있을 것이다.

기술 접근성과 복잡성 해결

가상현실 기술은 우리 삶에 많은 혜택을 줄 수 있는 혁신적인 도구다. 하지만 이 기술을 아직 일반 사람들이 쉽게 사용하기에는 여러 가지 어려움이 있다. 특히 기술에 익숙하지 않은 사람들이나 경제적으로 어려운 사람들에게는 더욱 그렇다. 이런 상황을 우리는 '디지털 격차'라고 부른다. 이는 기술을 잘 활용할 수 있는 사람들과 그렇지 못한 사람들 사이의 차이를 의미하며, VR 기술이 널리 사용되면서 이 격차가 더 커질 수 있다는 우려가 있다.

그 외에 VR을 사용할 때의 제한점으로는 기술의 복잡성, 높은 비용, 사용자 친화성 부족 등이 있다. VR 기기를 사용하려면 복잡한 설정 과정을 거쳐야 하고, 좋은 품질의 VR 기기는 아직 많은 사람들에게 비싼 편이다. 또 많은 VR 프로그램들이 사용하기 어렵게 설계되어 있어 사용자들이 쉽게 포기하게 만들 수 있다. 이러한 문제들로 인해 많은 사람들이 VR 기술의 혜택을 누리지 못하고 있는 실정이다.

하지만 이러한 문제를 해결하는 데 인공지능이 중요한 역할을 할 수 있다. 연구자들의 주요한 아이디어는 AI가 각 사용자의 능력과 선호도를 파악하여 VR 인터페이스를 자동으로 조정하게 하는 것이다. 예를 들어 사용자가 기술에 익숙하지 않다면 AI는 더 간단하고 직관적인 인터페이스를 제공할 수 있다. 시력이 좋지 않은 사용자를 위해서는 자동으로 글자 크기를 크게 만들거나 색상 대비를 높일 수 있고, 손 움직임이 불편한 사용자를 위해서는 음성 명령을 더 많이 활용하도록 인터페이스를 조정할 수 있다.

이렇게 AI를 활용하면 VR 기술을 더 많은 사람들이 쉽게 사용할 수 있게 된다. 나이가 많은 사람, 장애가 있는 사람, 기술에 익숙하지 않은 사람들도 VR의 혜택을 누릴 수 있게 되는 것이다. 또한 AI는 VR 콘텐츠 제작을 더 쉽고 저렴하게 만들 수 있다. 예를 들어 AI가 자동으로 3D 모델을 생성하거나 VR 환경을 구축하는 데 도움을 줄 수 있어 VR 콘텐츠의 가격을 낮추고 더 많은 사람들이 접근할 수 있게 만든다.

결론적으로 AI는 VR 기술의 접근성과 사용 편의성을 크게 개선할 수 있는 잠재력을 가지고 있다. 이를 통해 우리는 디지털 격차를 줄이고, 더 많은 사람들이 VR 기술의 혜택을 누리게 할 수 있다. 물론 이를 위해서는 AI 개발자, VR 기술자, 교육 전문가, 접근성 전문가 등 다양한 분야의 전문가들이 협력해야 한다. 이러한 노력을 통해 우리는 더 포용적이고 공평한 기술 사회를 만들어 갈 수 있을 것이다. VR과 AI 기술의 발전은 단순히 기술적 진보를 넘어, 모든 사람이 평등하게 혜택을 누릴 수 있는 사회를 만드는 데 기여할 수 있다. 이는 기술 발전의 궁극적인 목표이자 우리 사회가 나아가야 할 방향일 것이다.

사회적 선 증진을 위한 협력

AI 기반 VR 기술은 우리 사회에 큰 도움을 줄 수 있는 잠재력을 가지고 있다. 이를 '사회적 선(善) 증진'이라고 부르는데, 이는 기술이 사회에 긍정적인 영향을 미치고 사람들의 삶을 개선하는 것을 의미한다. 슬레이터와 산체스비베스(Slater & Sanchez-Vives, 2016)라는 연구자들은 VR 기술이 교육, 의료, 심리 치료 등 다양한 분야에서 이러한 사회적 선을 만들어 낼 수 있다고 주장한다. 예를 들어 교육 분야에서 VR은 학생들에게 새로운 학습 경험을 제공할 수 있다. 역사 수업에서 고대 로마를 직접 걸어 다니며 탐험하거나, 과학 수업에서 위험한 화학 실험을 안전하게 체험할 수 있다. 의료 분야에서는 의사들이 복잡한 수술을 VR로 미리 연습할 수 있어 실제 수술의 성공률을 높일 수 있다. 심리 치료 분야에서는 높은 곳을 무서워하는 사람들이 VR을 통해 안전하게 높은 곳을 경험하며 공포를 극복할 수 있다.

하지만 이러한 잠재력을 현실로 만들기 위해서는 여러 분야의 전문가들이 힘을 모아야 한다. 기술 개발자들은 VR과 AI 기술을 발전시키고, 교육자들은 이 기술을 효과적으로 수업에 활용하는 방법을 연구해야 한다. 의사들은 VR을 의료 훈련에 어떻게 적용할지 고민하고, 심리 치료사들은 VR을 통한 새로운 치료 방법을 개발해야 한다. 또 정책 입안자들은 이러한 기술이 안전하고 공정하게 사용될 수 있도록 적절한 규제와 지원 정책을 만들어야 한다.

여기서 AI의 역할이 중요하다. 예를 들어 AI는 각 분야의 전문가들이 생산한 지식과 경험을 분석하고 이를 기반으로 모두가 이해할 수 있는 형태로 정리할 수 있다. 또한 AI는 VR 환경에서 사용자의 행동을 분석하여 각 분야의 전문가들에게 유용한 인사이트를 제공할 수 있다. 이러한 협력을 통해 우리는 더 효과적인 VR 기반 설루션(solution)을 개발할 수 있다. 예를 들어 교육, 의료, 심리치료 전문가들의 의견을 종합하여 AI가 자동으로 개인의 특성에 맞춰 VR 콘텐츠를 조정하는 시스템을 만들 수 있다. 이렇게 하면 각 사용자에게 가장 적합하고 효과적인 VR 경험을 제공할 수 있다.

하지만 이러한 기술 발전과 협력 과정에서 우리는 항상 윤리적 문제를 고려해야 한다. 개인의 프라이버시를 보호하고, 기술에 대한 접근성을 모든 사람에게 공평하게 제공하며, 기술이 악용되지 않도록 주의를 기울여야 한다. 이를 위해 기술 개발 과정에서 윤리학자, 사회학자, 법률 전문가 등의 의견도 함께 고려해야 한다.

결론적으로 AI 기반 VR 기술의 사회적 책임은 단순히 기술을 개발하는 것에 그치지 않는다. 이 기술이 진정으로 사회에 도움이 되기 위해서는 포용성, 윤리성, 접근성, 사회적 이익 창출을 모두 고려해야 한다. 이를 위해 다양한 분야의 전문가들이 협력하고, AI를 활용하여 이러한 협력을 더욱 효과적으로 만들어 나가는 것이 중요하다. 이러한 노력을 통해 우리는 AI와 VR 기술이 가진 놀라운 잠재력을 실현하고, 모든 사람들의 삶을 더 나은 방향으로 개선할 수 있을 것이다.

참고문헌

Güera, D., & Delp, E. J.(2018). Deepfake video detection using recurrent neural networks. *IEEE International Conference on Advanced Video and Signal Based Surveillance*(AVSS), pp.1-6.

Heilemann, M., et al.(2021). A framework for enhancing accessibility in virtual reality games for users with disabilities. *Journal of Accessible Computing and Games*, 5(2), pp.101-125.

IEEE(2020). IEEE ethics in AI and autonomous systems: Guiding principles for the ethical design and implementation of AI. IEEE Standards Association.

Lahiri, U., et al.(2015). Virtual reality-based adaptive response technology for children with autism spectrum disorder.

Journal of Autism and Developmental Disorders, 45(2), pp.387–401.

Slater, M., & Sanchez–Vives, M. V.(2016). Enhancing our lives with immersive virtual reality. *Frontiers in Robotics and AI*, 3(74), pp.1–12.

Westerlund, M.(2019). The ethics of artificial intelligence: Issues and initiatives. *AI & Society*, 34(1), pp.125–135.

Zhao, Y., et al.(2018). Personalized VR training system for children with autism spectrum disorder. *Proceedings of the ACM Symposium on Virtual Reality Software and Technology*(VRST), pp.1–8.

10
AI와 VR의 미래

가상현실(VR)과 인공지능(AI)의 융합은 21세기 기술 혁신의 중심에 서 있으며, 이는 단순한 기술적 진보를 넘어 우리 사회와 삶의 방식을 근본적으로 재구성하고 있다. 이 장에서는 VR과 AI의 발전 과정, 현재의 기술 수준, 그리고 이들의 융합이 가져오는 혁신적 변화와 도전 과제들을 최신 연구 결과들을 바탕으로 살펴본다.

VR/XR에서의 다중 영역을 통한 심리스러닝

VR/XR에서의 다중 지역을 통한 심리스 러닝(Seamless Learning)은 학습자가 다양한 가상 환경에서 연속적이고 통합된 학습 경험을 할 수 있게 하는 혁신적인 교육 접근법이다. 심리스 러닝 개념에 기반한 이 방법(Looi et al., 2010; Sharples, 2015)은 학습자를 다양한 맥락과 환경에 노출함으로써 깊이 있는 이해와 지식의 전이를 촉진한다. 예를 들어 세계사 수업에서 학생들은 고대 로마, 르네상스 시대 이탈리아, 산업혁명기 영국을 가상으로 탐험하며 각 시대의 문화, 기술, 사회 구조에 몰입할 수 있다. 이러한 접근법은 역사적 사건의 인과관계 이해도를 크게 향상하고 장기적인 지식 유지(Long-term Knowledge Retention)를 개선할 잠재력을 가지고 있다. 이 교육 모델에서 AI와 VR 기술의 통합은 심리스 러닝 환경에서의 최신 학습 분석 트렌드와 맥을 같이 한다(Moon et al., 2023). AI는 학습자의 진도와 이해도를 실시간으로 분석하여 개인화된 학습 경로를 제시하고, VR은 이를 몰입감 있는 환경에서 구현한다. 이러한 기술의 시너지는 단순한 기술적 진보를 넘어 교육의 패러다임을 변화시킬 수 있는 잠재력을 지니고 있다. 현대 사회에서 복잡한 문제 해결 능력과 통합적 사고력에 대한 요구가 증가함에 따라 이러한 접근법의 중요성이 더욱 부각되고 있다. 이 분야의 연구는 학계를 넘어 적응력 있고 포괄적인 학습 경험에 대한 중요한 사회적 요구를 해결할 것으로 기대된다.

몰입형 학습 환경에서의 학습 분석

실감형 학습 환경 내 학습 분석 기술(Immersive Learning Analytics)은 가상현실(VR)/확장현실(XR) 환경에서 이루어지는 학습 과정을 심층 분석하고 최적화하는 혁신 기술이다. 이 기술은 학습자의 시선 추적, 동작 패턴, 음성 분석, 생체 신호 등 다양한 데이터를 실시간으로 수집하고 분석하여 학습 경험을 개선하는 것을 목표로 한다. 디미트리 등(Di Mitri et al., 2018)의 연구에 따르면 몰입형 학습 환경에서의 다중 모달 데이터 수집과 분석은 학습자의 행동과 성과를 더욱 세밀하게 이해할 수 있게 해 준다. 이들은 센서 기반 학습 지원 시스템을 통해 학습자의 행동을 추적하고 분석하는 방법을 제안했다. 이러한 접근 방식은 발트루샤이티스 등(Baltrušaitis et al., 2019)이 제시한 멀티모달 머신러닝의 개념과 밀접하게 연관된다. 발트루샤이티스 등은 멀티모달 머신러닝이 다양한 형태의 데이터를 통합하여 분석하는 강력한 도구로, 교육 분야에서도 큰 잠재력을 가지고 있다고 주장한다. VR/XR 환경에서 이러한 멀티모달 접근법은 학습자의 행동을 더욱 종합적으로 이해하는 데 도움을 줄 수 있다. 예를 들어 학습자의 시선 데이터, 음성 데이터, 동작 데이터를 동시에 분석함으로써 학습 과정에서의 어려움이나 흥미 지점을 더 정확히 파악할 수 있다. 이는 개인화 교육의 새로운 지평을 열며, 특히 고도의 기술이 요구되는 분야에서 훈련의 효율성과 안전성을 크게 높일 수 있다. 그러나 이러한 기술의 발전은 동시에 중요한 윤리적 문제를 제기한다. 볼게난트 등(Wohlgenannt et al., 2020)이 지적한 바와 같이, 이러한 과정에서 데이터 프라이버시와 윤리적 사용에 대한 신중한 고려가 필요하다. 학습자의 세밀한 행동 데이터를 수집하고 분석하는 과정에서 개인정보 보호와 데이터 보안이 중요한 이슈로 대두될 수 있다. 따라서 실감형 학습 환경 내 학습 분석 기술을 발전시키는 동시에, 이에 따른 윤리적 가이드라인과 보안 프로토콜을 함께 개발하는 것이 중요하다. 결론적으로 실감형 학습 환경 내 학습 분석 기술은 교육의 질 향상과 전문 인력 양성이라는 사회적 요구에 부응할 수 있는 강력한 도구다. 그러나 이 기술의 성공적인 구현을 위해서는 기술적 혁신과 함께 윤리적, 사회적 고려 사항을 균형 있게 다루는 통합적 접근이 필요할 것이다.

인지 부하 측정 및 관리

VR/XR 환경은 매우 풍부하고 몰입적인 경험을 제공하지만, 동시에 학습자에게 과도한 인지적 부담을 초래할 수 있다. 가상현실과 확장현실 기술이 교육 분야에 혁신적인 변화를 가져오고 있지만, 이와 함께 새로운 도전 과제들도 대두되고 있다. 특히, 인지 부하 관리와 장기적 학습 효과 추적이 주요 관심사로 떠오르고 있다. 매크런스키 등의 연구(Makransky, 2019)는 VR 학습 환경이 높은 몰입감을 제공하지만, 학습자의 감각 채널에서 처리해야 할 정보의 복잡성과 양이 과도할 경우 학습 과정을 방해할 수 있음을 지적한다. 구체적으로, 3D 공간에서의 방향 감각 유지나 새로운 상호작용 방식 학습 등이 이러한 복잡성을 증가시키는 요인이 된다. 이는 복잡한 도시에서 길을 찾으면서 동시에 새로운 언어를 배우는 것과 유사한 부담을 줄 수 있다. 이러한 맥락에서, 앤더슨과 매크런스키(Andersen & Makransky, 2021)는 VR 학습 환경에서 인지 부하를 정확히 측정하고 관리하는 방법을 연구했다. 그들은 뇌파 측정(EEG, Electroencephalography)과 같은 생체 신호 기술을 활용해 실시간으로 학습자의 인지 부하를 모니터링하는 방법을 제안했다. 이는 운동선수의 체력을 실시간으로 모니터링하고 최적의 상태로 유지하는 접근 방식과 유사하다. 적절한 인지 부하 관리는 학습 효율성을 극대화하고 학습자의 피로나 스트레스를 최소화할 수 있다.

장기적 학습 효과 추적

VR/XR 기반 학습의 단기적 효과는 많은 연구를 통해 입증되고 있지만, 한편, VR/XR 기반 학습의 장기적 효과에 대한 연구도 시급한 과제로 대두되고 있다. 라디안티 등(Radianti, 2020)의 체계적 문헌 고찰에 따르면, VR 기반 학습의 단기적 효과는 많은 연구를 통해 입증되고 있지만 장기적인 효과에 대해서는 아직 충분한 데이터가 없는 실정이다. 젠슨과 콘라센(Jensen & Konradsen, 2018)의 메타 분석 연구는 VR이 특정 유형의 학습, 예를 들어 심리운동 기술이나 인지적 기술 습득에 효과적일 수 있음을 보여 주었다. 그러나 이들 역시 장기적인 지식 유지에 대한 연구가 부족하다는 점을 지적했다. VR/XR 학습 경험이 장기적으로 어떤 영향을 미치는지 추적하고 분석하는 것은 매우 중요하다. 이를 통해 VR/XR 기반 학습 환경의 장기적 효과와 그 가치를 입증하고, 교육 시스템에 더 효과적으로 통합할 수 있을 것이다.

효과적인 NPC 개발

VR/XR 환경에서의 효과적인 NPC(Non-Player Character, 비플레이어 캐릭터) 개발은 인공지능을 활용하여 현실적이고 상호작용적인 가상 캐릭터를 만드는 것을 의미한다. 이러한 NPC들은 사용자의 행동과 감정 상태에 따라 실시간으로 반응을 조절할 수 있어 더욱 몰입감 있는 경험을 제공한다. 옥스 등의 연구(Ochs et al., 2018)에 따르면, AI 기반 사회적 가상 에이전트(SVA)는 사용자의 얼굴 표정을 분석하여 감정 상태를 인식하고, 이에 따라 상호작용 방식을 조절할 수 있다. 이는 교육, 훈련, 심리 치료, 엔터테인먼트 등 다양한 분야에서 혁신을 가져올 수 있다. 특히 인구 고령화와 정신 건강 문제가 증가하는 현대 사회에서 이러한 기술은 접근성 높은 심리 지원과 사회적 상호작용 훈련을 제공할 수 있어 그 사회적 가치가 매우 크다. 이러한 개념들은 AI와 VR의 융합이 단순한 기술적 진보를 넘어 교육, 의료, 심리 건강 등 다양한 사회적 영역에서 혁신을 가져올 수 있음을 보여준다. 따라서 이 분야의 연구와 개발은 미래 사회의 핵심적인 도전 과제들을 해결하는 데 중요한 역할을 할 것으로 기대된다.

데이터 통합 및 표준화

VR/XR 관련 다양한 기기와 플랫폼이 있으며 각각 다른 형식의 데이터를 생성한다. 예를 들어 한 VR 헤드셋은 시선 추적 데이터를 특정 형식으로 저장하고, 다른 헤드셋은 다른 형식을 사용할 수 있다. 팜 등(Pham et al., 2019)의 연구에 따르면 이렇게 다양한 형식의 데이터를 하나의 일관된 형식으로 변환하고 통합하는 것이 중요한 과제다. 이는 마치 여러 나라의 언어를 하나의 공통 언어로 번역하는 것과 비슷하다. 데이터 통합이 이루어져야 서로 다른 기기나 플랫폼에서 얻은 학습 데이터를 비교하고 분석할 수 있다. 이를 통해 더 정확하고 포괄적인 학습 분석이 가능해진다. 라디안티 등(Radianti et al., 2020)의 연구는 VR/XR 환경에서 시선 움직임, 손동작, 음성, 뇌파 등 다양한 종류의 데이터가 동시에 생성된다는 점을 강조한다. 이러한 데이터는 매우 빠른 속도로, 대량으로 생성된다. 치프레소 등(Cipresso et al., 2018)은 이렇게 빠르게 생성되는 대량의 데이터를 실시간으로 처리하고 분석하는 것이 큰 도전 과제라고 지적한다. 이는 마치 매우 빠른 속도로 움직이는 여러 개의 공을 동시에 잡는 것과 같다. 실시간 처리 능력이 향상되면 학습자의 행동이나 상태 변화에 즉각적으로 대응할 수 있다.

참고문헌

Andersen, L., & Makransky, G.(2021). The role of immersion and cognitive load in the effectiveness of virtual reality learning environments. *Frontiers in Psychology*, 12, pp.1-15.

Baltrušaitis, T., et al.(2019). Multimodal machine learning: A survey and taxonomy. *IEEE Transactions on Pattern Analysis and Machine Intelligence*, 41(2), pp.423-443.

Cipresso, P., et al.(2018). The past, present, and future of virtual and augmented reality research: A network and cluster analysis of the literature. *Frontiers in Psychology*, 9, p.2086.

Di Mitri, D., et al.(2018). Multimodal learning analytics in context: A systematic review of multimodal data and tools for learning analytics. Proceedings of the 8th International Conference on Learning Analytics and Knowledge(LAK18), 21-30.

Jensen, L., & Konradsen, F.(2018). A review of the use of virtual reality head-mounted displays in education and training. *Education and Information Technologies*, 23(4), pp.1515-1529.

Looi, C. K., et al.(2010). Seamless learning: An international perspective on next generation technology enhanced learning. *International Journal of Mobile and Blended Learning*, 2(1), pp.1-18.

Makransky, G., et al.(2019). Adding immersive virtual reality to a science lab simulation causes more presence but less learning. *Learning and Instruction*, 60, pp.225–236.

Moon, J. A., et al.(2023). Seamless learning with AI in virtual reality environments. *Journal of Educational Technology Research and Development*, 71(1), pp.67–85.

Ochs, M., et al.(2018). Intelligent virtual agents: Simulating human–like communication skills. Proceedings of the International Conference on Intelligent Virtual Agents(IVA), pp.101–108.

Pham, T., et al.(2019). A deep learning approach for speech emotion recognition in healthcare services. *Computer Speech & Language*, 53, pp.120–131.

Radianti, J., et al.(2020). A systematic review of immersive virtual reality applications for higher education: Design elements, lessons learned, and research agenda. *Computers & Education*, 147, p.103778.

Sharples, M.(2015). Seamless learning despite context. *Distance Education*, 36(1), pp.5–8.

Wohlgenannt, I., et al.(2020). Virtual reality, augmented reality, and mixed reality in education: A systematic review. *Smart Learning Environments*, 7(1), pp.1–19.

문제웅

미국 앨라배마대학교(The University of Alabama Tuscaloosa Campus)의 교육리더십, 정책, 공학학과(Educational Leadership, Policy, Technology Studies) 교육공학 프로그램 조교수다. 2021년 여름 플로리다주립대학교(Florida State University)에서 교육공학(Instructional Systems and Learning Technologies) 박사학위를 받았다. ≪British Journal of Educational Technology(영국 교육공학 저널)≫, ≪Educational Technology Research and Development(교육공학 연구 및 개발)≫ 등 국제 학술지에 40편 이상의 논문을 발표했다. 주 연구 분야는 디지털 게임 기반 학습, 포용적 이러닝 학습 설계, 적응적 학습 시스템 설계, AI 활용 시뮬레이션 기반 학습, 학습 분석 등이다.